Verena Kast

Freude Inspiration Hoffnung

Deutscher Taschenbuch Verlag

Von Verena Kast
sind im Deutschen Taschenbuch Verlag erschienen:
Mann und Frau im Märchen (35001)
Der schöpferische Sprung (35009)
Wege zur Autonomie (35014)
Wege aus Angst und Symbiose (35020)
Märchen als Therapie (35021)
Familienkonflikte im Märchen (35034)
Imagination als Raum der Freiheit (35088)
Die beste Freundin (35091)
Die Dynamik der Symbole (35106)

Ungekürzte Ausgabe
März 1997
Deutscher Taschenbuch Verlag GmbH & Co. KG, München

ISBN 3-530-42108-1
Umschlaggestaltung: Boris Sokolow
Gesamtherstellung: C. H. Beck'sche Buchdruckerei, Nördlingen
Printed in Germany · ISBN 3-423-35116-0

Die bekannte Psychotherapeutin Verena Kast widmet sich auf anregende Weise einem in der psychologischen Literatur bislang vernachlässigtem Themenfeld: dem der freudigen, positiven Stimmungen und Affekte. Ihr Anliegen ist es zu zeigen, daß der Mensch nicht nur das ängstliche, sondern vor allem auch das aus Freude heraus handelnde Wesen ist. Nach einer allgemeinen Einführung in die Psychologie der Emotionen wendet sich die Autorin drei Komplexen zu: Freude, Inspiration und Hoffnung, die sie als unterschiedliche Stufen eines zusammenhängenden Emotionsfeldes betrachtet. Vom stillen Vergnügen an den kleinen Freuden des Lebens, einer ausgeglichenen, zufriedenen Grundstimmung über die Begeisterung für eine Sache, die kreative Bewältigung von Arbeit und Alltag bis hin zur rauschhaften Ekstase in Tanz und Ritus reicht die Skala der «gehobenen Emotionen», für deren gesellschaftliche und therapeutische Aufwertung Verena Kast plädiert. «Dieses ‹Man darf sich nicht freuen, weil es so schlimm ist auf der Welt› stimmt psychologisch nicht. In Anbetracht der vitalisierenden Funktion der Freude ist das Verbieten der Freude, weil es so schlecht um die Welt bestellt sei, etwas extrem Sadistisches, das Leben Hemmendes.»

Verena Kast, Jahrgang 1943, studierte Psychologie, Philosophie und Literatur und promovierte in Jungscher Psychologie. Sie ist Professorin für Psychologie an der Universität Zürich, Dozentin und Lehranalytikerin am dortigen C. G. Jung-Institut und Psychotherapeutin in eigener Praxis. Zahlreiche Buchveröffentlichungen, darunter: ‹Die beste Freundin› (1992), ‹Vater-Töchter, Mutter-Söhne› (1994).

Inhalt

Vorwort

«Warum geht Freudemachen über alle Freuden? – Weil man damit seinen fünfzig eigenen Trieben auf *einmal* eine Freude macht. Es mögen das einzeln sehr kleine Freuden sein: aber tut man sie alle in *eine* Hand, so hat man die Hand voller als jemals sonst – und das Herz auch.» So sagt Friedrich Nietzsche in seinem Buch «Morgenröte».

Vom reichen Erleben, das in den gehobenen Emotionen erfahrbar ist, davon soll dieses Buch handeln.
Ich selber habe beim Konzipieren und Halten der Vorlesung zum Thema schon sehr viel Freude erlebt, die durch die Freude der Zuhörer und Zuhörerinnen immer wieder verstärkt worden ist – dafür danke ich.
Die Freude beim Verfassen des Buches wurde verstärkt durch das freudige Interesse, das Ingrid Riedel meinen Ideen entgegen brachte. Ihr danke ich für Begeisterung, Anregung und Kritik.
Eine ganz besondere Freude war es, wie meine Tochter Renata aus einem chaotischen Manuskript in Kürze eine wunderbare Reinschrift erstellte – ich bin ihr sehr dankbar dafür.
Ich danke auch allen, die sich auf eine «rekonstruierte Freudenbiographie» eingelassen und mir auch erlaubt haben, ihr Material zu veröffentlichen.
Der Lektorin des Walter-Verlages, Frau Helga Egner, bin ich sehr dankbar für ihre behutsame Lektorierung.
St. Gallen, im August 1990 Verena Kast

Einführung

Es ist auffällig, wie wenig in der Psychologie und besonders in der Tiefenpsychologie von Freude gesprochen wird. Die Emotionen der Angst, der Trauer, des Zorns usw. sind wesentlich gegenwärtiger und besser erforscht, wobei die Angst eine zentrale Stelle einnimmt, ja geradezu das Wesen des Menschen erklären soll. Nun gibt es neben diesen Emotionen der Bedrücktheit natürlich auch andere, die den Grundton des Freudigen tragen und die ich gehobene Emotionen nennen möchte – und wir sehnen uns ja auch nach ihnen –: nach Freude, nach einem Zustand der Begeisterung, des Inspiriertseins, nach Hoffnung.

Diese gehobenen Emotionen werden aber nicht nur gesucht, sie sind uns in der Regel auch verdächtig: Wenn jemand sich freut, vielleicht auch etwas ausgelassen ist, fragen wir uns leicht, ob hier ein Problem abgewehrt wird, ob es sich um eine submanische Abwehr handelt. Ist jemand gedrückt, von Gram umwölkt, fragen wir uns kaum, ob es sich etwa um eine Abwehr von Freude handeln könnte. Beobachtet man, wie die Tiefenpsychologie mit den gehobenen Emotionen umgeht, so drängt sich der Gedanke auf, daß ein reifer Mensch oder auch ein Mensch auf dem Individuationsweg ein nur ernster Mensch ist, daß es sogar Ziel des Individuationsprozesses sein könnte, in tragischer Entsagung, im Bewußtsein der Schwere des Lebens – ohne daß man den heiteren, leichten Aspekt auch sähe – den Rest des Lebens hinter sich zu bringen.

Sprechen wir von Emotionen, dann sprechen wir von uns selbst, von unserer Identität, und wir erleben auch uns selbst unmittelbar, wenn wir eine Emotion von uns erleben, wahrnehmen. Anders ausgedrückt: Beim Erleben unserer Emotion geht es *immer* um unsere Identität, es geht immer auch um uns als Person. Wenn wir keine Emotionen mehr zulassen wollten, wenn wir versuchten, sie auszuschalten, dann wären wir Menschen, die sich nicht mehr betreffen lassen. Sich nicht mehr betreffen zu lassen würde heißen, sich nicht mehr zu spüren, aber auch keine Verantwortung zu übernehmen und nicht mehr zu handeln. Sehen wir etwas Schreckliches und lassen uns nicht davon betreffen, so wenden wir uns ab und gehen weg. Wir werden nicht handeln. Emotional betroffen zu sein ist die Voraussetzung dafür, daß wir auch Energien zum Handeln spüren. Das ist der Grund für das Anliegen vieler Therapieformen, die Emotionen erlebbar werden zu lassen. Aber Emotionen motivieren nicht nur, sie haben darüber hinaus auch in sich einen Wert. Mir ist es wichtig, daß wir Freude erleben, ohne daß wir daraus folgern, wir sollten uns verbrüdern oder verschwestern; das kann dann eine Folgeerscheinung sein. Sich freuen kann als Ichzustand angenehm und belebend sein, ohne jedes «um zu». Emotion ist zuallererst eine Form des Selbsterlebens.

Es ist bei diesem Buch mein anthropologisches Anliegen aufzuzeigen, daß das Wesen des Menschen nicht nur aus der Angst, sondern auch aus der Freude heraus erklärt werden kann. Der Mensch ist zwar durchaus ein Angstwesen, er ist aber auch ein Freudenwesen. Angst treibt den Menschen in die Vereinzelung, *Freude aber ist die grundlegende Emotion für Verbundenheit und Solidarität*.

Mein psychotherapeutisches Anliegen ist es aufzuzeigen, daß der Mensch auch freude-fähig ist, daß es sinnvoll ist, sich auch an unsere Freude zu erinnern und daß man Erfahrungen der Freude auch stimulieren kann.

Wie sich die freudigen Emotionen zeigen, wie wir uns selber in ihnen erleben, wie wir uns betreffen lassen und vielleicht danach zum Handeln kommen, das möchte ich in diesem Buch darstellen.

Psychologie der Emotionen

Unter den Begriff der Emotion subsumiere ich die Stimmungen, die Gefühle und auch die Affekte. Damit folge ich Ideen von Jaspers, Bollnow und von Uslar. Da verschiedene sprachliche Regelungen existieren, ist es sinnvoll, den jeweiligen Standpunkt deutlich zu machen. Emotion ist in meiner Begrifflichkeit der Oberbegriff für Stimmung, Gefühl und Affekt. Stimmung ist unser Zumutesein, unser Gestimmtsein. Gefühle können wir wahrnehmen und benennen, wir haben auch Bilder zu ihnen, die wir mitteilen können. Affekte sind die einschießenden, heftigen Gefühle, die körperlich deutlich erlebbar sind und auch meistens eine soziale Reaktion mitprovozieren. Alle drei: Stimmungen, Gefühle und Affekte sind Arten des sich selbst Erlebens, und deshalb wirken sie auch auf das Selbstgefühl und die Identität wieder zurück.
Wenn wir also von unseren Emotionen sprechen, sprechen wir von uns persönlich, von unserer Identität. Wir nehmen uns ernst. Wir nehmen auch den anderen ernst, wenn wir auf seine Emotionen hinhören. Emotionen haben aber auch immer etwas zu tun mit unserem Körper. Wenn wir eine sehr große Freude spüren, spüren wir sie auch körperlich: Der Puls geht etwas schneller, wir atmen tiefer, haben Lust, eine schnellere Gangart anzuschlagen usw. Ob ein Mensch sich freut, kann man in der Regel an seinem oder ihrem Gesicht

ablesen. Auch das ist eine Körperwahrnehmung, mit der sich unter anderem die Ausdruckspsychologie befaßt. Die Expression bzw. der Ausdruck von Emotionen erlaubt uns, Rückschlüsse auf die Befindlichkeit eines Menschen zu ziehen. Wir sind es gewohnt, Expression von Emotion ständig aneinander «abzulesen». Auch wenn wir nicht verbalisieren, was wir »gesehen» haben, beziehen wir das Gesehene doch in unsere Reaktionen mit ein. So werden wir etwa weitersprechen, wenn wir sehen, daß wir Freude ausgelöst haben, wir werden das Thema ändern oder den Konflikt ansprechen, wenn wir Mißfallen «lesen». Erschwerend ist dabei, daß wir Emotionen nicht einfach sich ausdrücken lassen: Wir versuchen, sie zu kontrollieren. Die anderen Menschen sollen nicht in uns lesen können wie in einem geöffneten Buch. Kontrollieren wir aber unsere Emotionen zu sehr, so teilen wir den Mitmenschen nicht mehr mit, wie ihre Wirkung auf uns ist und wie wir uns fühlen. Wir machen es dann den anderen schwer, mitfühlend zu handeln.
Die Emotion hat also auch viel mit unserer Umwelt, mit unserer Mitwelt zu tun. Was wir Emotion nennen, ist im Grunde genommen ein ganz komplexes, kompliziertes Regulationssystem, durch das wir als Person in Auseinandersetzung mit der Innen- und Außenwelt stehen und einander immer auch etwas mitteilen über unsere Beziehung zu ihr. Das ist sicher am deutlichsten, wenn wir an Wut denken. Wut kann heißen: «Du, geh weg!» Wut kann auch heißen: «Du, beschäftige Dich mit mir!» Auf jeden Fall hat sie Signalcharakter und sagt etwas über die jeweilige Beziehung aus. Versteht der eine Gesprächspartner Wut als Signal, den Platz zu räumen, der andere Gesprächspartner

oder die andere Gesprächspartnerin aber als Signal, sich mehr miteinander zu beschäftigen, dann gibt es einen Konflikt: Affekte provozieren auch Konflikte.

Im allgemeinen stehen Affekte und Emotionen - ich komme auf die Begriffe später noch zurück - in keinem sehr guten Ruf. Nicht nur die Affekte der Gehobenheit, sondern die Affekte und Emotionen überhaupt. Man verbindet sie leicht mit Kontrollverlust, fürchtet, Menschen gerieten unter ihrem Einfluß außer Rand und Band. Wir haben alle gelernt, daß wir keine Affektdurchbrüche haben sollten und daß wir sie, wenn wir sie trotzdem haben, mit allen Mitteln doch noch kontrollieren sollten. Das erwarten wir auch von impulsneurotischen Menschen, also solchen Menschen, die beispielsweise Impulse zum Zerstören haben, diese nicht kontrollieren können, aus diesen Impulsen heraus alles zusammenschlagen und nachher todunglücklich darüber sind, weil sie das nicht gewollt haben - das ist die neurotische Form der Affektdurchbrüche.

An den Emotionen wird immer eher das Animalische gesehen, das Zerstörerische, sehr deutlich auch die Wut, die Aggression, der Ärger; und geht es um Begeisterung, wird rasch vom Fanatismus der Massen gesprochen usw.[1] Das Gefährliche an den Emotionen wird betont und nur wenig die Gefühle des Erhebenden oder auch die Gefühle der Fülle, die auch mit den Emotionen verbunden sind.

Rationalismus und puritanische Strömungen haben das ihre noch dazu getan: Wenn die Emotionen moderat oder sehr sublimiert ausgedrückt sind, zum Beispiel in wunderschön gefühlvollen Texten, dann ist es in Ordnung. Sobald sie aber ein bißchen archaischer werden, dann wird es sehr schwierig mit ihnen. Diese Sicht

macht auch vor den Therapien nicht halt. Es besteht im Grunde genommen eine große Angst vor archaischen Affekten, und jede Therapieform erlaubt Affekte nur innerhalb einer gewissen Bandbreite.
Affekte können auch sehr gefährlich sein: Aggressive Triebausbrüche sind sehr unangenehm und zerstörerisch, Begeisterung auf einem fanatischen Hintergrund kann ganze Völker zerstören. Ich möchte die Emotionen nicht verharmlosen: Emotionen zu haben bedeutet, daß etwas in uns in Bewegung gerät. Doch weil sie auch einmal übers Ziel hinausschießen können, machen sie Angst und werden zurückgehalten. Doch muß es nicht zwingend sinnvoll sein, sie ganz zu neutralisieren. Das hätte zur Folge, daß wir zu Menschen würden, die sich nicht mehr betreffen lassen und nicht mehr betroffen sind. Das Leben würde dann neutral erlebt, mit sehr viel Distanz. Es ginge dabei sehr viel an Zwischenmenschlichem verloren, und vor lauter Angst vor Nähe bestünden nur noch Mauern zwischen uns. Auch wenn wir versuchten, die Emotionen zu verdrängen, es gelingt uns nicht, im Gegenteil: Sie brechen dann erst recht in unser Bewußtsein ein - undomestiziert und daher umso gefährlicher. Wenn Eis gebrochen werden soll, dann muß man an den Emotionen arbeiten und sicher an der menschlichen Vermittlung der Emotion.

Die gehobenen Emotionen

Die gehobenen Emotionen: Freude, Inspiration, Hoffnung und andere machen weit, sie beschwingen uns, regen uns an, sie geben uns eine gewisse Leichtigkeit, aber sie schaffen auch Verbundenheit unter den Menschen. Das ist der Grund, weshalb ich gerade diese Emotionen als ausgesprochen wichtig empfinde. Ich glaube, daß man das Wesen des Menschen nicht nur von der Angst her definieren darf. Angst ist sicher etwas sehr Fundamentales, aber sie treibt uns oft in die Vereinzelung hinein. Angst läßt mich mich selbst spüren als einzelnen Menschen; sind wir freudig gestimmt, sind wir viel eher in der Lage, uns mit anderen Menschen zu verbinden. Das heißt aber auch, solidarisch zu sein.

Man hat Untersuchungen mit Kindern gemacht, denen man Filme zeigte. Eine Gruppe sah einen Film, der viel Freude auslöste, die andere Gruppe einen, der langweilte. Danach bekamen alle für diesen Filmbesuch etwas Geld. Beim Ausgang war eine Spendenkasse für arme Kinder aufgestellt. Die Kinder, die sich gefreut hatten, haben sehr viel mehr Geld gespendet als die Vergleichskinder, die einen langweiligen Film gesehen hatten. Die wollten das ganze Geld für sich behalten[2].

An diesem Beispiel wird nicht nur deutlich, daß Freude Solidarität fördert, sondern auch, wie durch Emotionen manipuliert werden kann. Gelingt es, Menschen freudig zu inspirieren, so kann man sie auch leichter verführen, denken wir zum Beispiel an Massenhysterien. Aber auch das ist kein Grund, uns die erhebenden Gefühle, die wir haben können, zu versagen. Es ist immer mit allem im Leben auch eine Gefahr verbunden. Wenn man diese Gefahren immer meiden würde, dürfte man gar nicht leben. Es ist aber wichtig, die gefährlichen Aspekte wahrzunehmen, uns ihrer bewußt zu sein.

In unserer Gesellschaft muß man immer begründen, warum man Emotionen der Gehobenheit hat. Menschen, die freudig oder heiter sind und im Gefolge dieser Emotionen vielleicht auch optimistisch, müssen für ihren Optimismus Gründe angeben. Wenn wir dagegen pessimistisch gestimmt sind oder das Gefühl haben, uns an allem und jedem zu stoßen und auch von der Welt hart gestoßen zu werden, dann müssen wir dieses Lebensgefühl nicht begründen, denn daß alles kaputt geht, das ist eigentlich klar. Aber wenn man sich freut, so muß man erklären, woher man nur diesen unverständlichen Optimismus nimmt. Dagegen wehre ich mich, denn wenn die Pessimisten recht hätten, müßte die Welt doch schon längst untergegangen sein. Ich meine nicht, daß es zum besten um sie bestellt ist, aber sie lebt noch, und wir leben noch und könnten auch einiges verändern. Ich wehre mich dagegen, daß man das Gefühl des Bekümmertseins nicht begründen muß, sehr wohl aber das Gefühl des Gehobenseins.
Wenn wir Freude haben und zeigen, werden wir sehr leicht in die «naive Schublade» geschoben. Dabei ist es eigentlich schöner, mit freudigen, heiteren Menschen zusammenzusein als mit umwölkten, bekümmerten, düsteren. Man traut jedoch diesen gehobenen Gefühlen nicht: Das geht so weit, daß Freude als verdeckte Angst gesehen wird, als eine Form der Abwehr im Sinne einer Reaktionsbildung. Man muß sich dann logischerweise der Frage stellen, welche Angst man gerade verdrängt. Eine solche Argumentation offenbart sehr viel Angst vor der Freude. Es ist natürlich vollkommen richtig, daß eine sehr laute Freude, die wenig vom Charakter der Freude hat, durchaus Angst zudekken kann. Ich erinnere mich in diesem Zusammenhang

an eine Situation in einer Jugendgruppe, in der wir einen Streich ausgeheckt und ausgeführt hatten. Eigentlich hatten wir Angst bekommen, und doch haben wir uns einander alle versichert, daß wir einen «Mordsspaß» hätten an dem, was wir da getan haben. Und dadurch, daß wir es einander so sicher versichert hatten, kam so etwas wie Freude auf. Nach außen hat es vielleicht auch wie Freude ausgesehen, aber es war verdeckte Angst. Das heißt aber nicht, daß jede Freude verdeckte Angst ist.

Warum sind wir eigentlich geneigt, Freude eher als Emotion der etwas weniger kritischen Menschen anzusehen? Ein Aspekt dabei ist folgender: Freude wird oft mit Lust gleichgesetzt, obwohl Unterschiede bestehen. Freud hat das Lustprinzip dem Es zugeordnet, und insofern hat das Lustbetonte immer einen Beiklang von etwas Infantilem, nah verbunden mit Verantwortungslosigkeit, das bewußt gemacht werden müßte. Freuds kurze These zur Freude ist die, daß «Freude, Jubel, Triumph» dann sich einstellen, wenn ein «großer, lange unterhaltener oder gewohnheitsmäßig hergestellter psychischer Aufwand endlich überflüssig wird»[3]. Als Beispiel führt er die Freude eines «armen Teufels» an, der plötzlich zu Geld kommt und sich keine Sorgen ums tägliche Brot mehr machen muß. Die Abwesenheit von Bedrückung wird von Freud schon als Freude bezeichnet. Freude spielt denn auch in seinen psychologischen Überlegungen keine große Rolle.

Psychische Reife muß aber auch etwas mit glückhafter Entfaltung zu tun haben, mit dem Erlebnis von Vitalität, von Kraft – gewiß auch mit dem Aushalten von Angst, mit dem Aushalten von Trauer und Ärger, aber doch nicht primär. Wenn wir die Emotionen der Gehobenheit und der Fülle als Identitätserlebnisse nehmen, sind es zweifellos Erlebnisse von Vitalität, von Kraft. Wie sieht es mit dem Stellenwert der gehobenen Emotionen bei Jung aus? Bei Freud ist das Lustprinzip dem Es zugeordnet. Bei Jung haben wir in der Archetypenlehre ein theoretisches Fundament für die Vielzahl der Emotionen[4]. Sieht man aber genau hin, dann spielt auch bei Jung die Auseinandersetzung mit Angst oder Spannung eine sehr große Rolle, während die gehobenen Gefühle und Stimmungen, wenn sie überhaupt erwähnt werden, leicht in die extravertierte Ecke abgeschoben werden. Jung unterscheidet ja zwischen der extravertierten und der introvertierten Haltung, wobei ein Mensch in der introvertierten Haltung mehr gegen innen, gegen die Psyche hin orientiert ist, in der extravertierten Haltung mehr auf die Welt bezogen. Introversion und Extraversion sind Pole, zwischen denen wir leben, einmal mehr in der Introversion, einmal mehr in der Extraversion. In der Alltagspsychologie aber werden gewisse Menschen als introvertiert, andere als extravertiert abgestempelt, und Freude und Glück, die sich ja auch manchmal ein bißchen laut gebärden, werden dann der Extraversion zugeschrieben. Jung betont an vielen Stellen, daß die beiden Haltungen keinen Wertunterschied implizieren[5]. Im Laufe der Zeit hat sich aber unter den Menschen, die diese Begrifflichkeit gebrauchen, doch ganz klar die Auffassung herausgebildet, daß die Introvertierten die ernsthaften und die Extravertierten die heiteren, die mit dem leichten Sinn sind. Und aus dem leichten Sinn kann sehr schnell Leichtsinn werden. Wer aber möchte schon leichtsinnig sein oder als leichtsinnig gelten. So

haben die gehobenen Emotionen auch im Umfeld der Jungschen Psychologie wieder keine Fürsprecher.
Von der Freude, der Inspiration, der Hoffnung her erschließt sich uns ein ganz anderes Wesen des Menschen, nämlich seine Fähigkeit zu Solidarität und Mitmenschlichkeit. Es ist ganz deutlich, daß sich bei Emotionen der Gehobenheit unser Gemeinschaftsbewußtsein verändert. Wenn wir zum Beispiel zu einem Fest kommen, sehen wir vielleicht am Anfang die Leute eher kritisch an und fragen uns skeptisch, was das wohl werden wird. Wenn es dann wirklich ein Fest wird – das kann man ja nicht bewußt machen –, dann sind die Menschen plötzlich gar nicht mehr schrecklich. Was uns vorher zu bürgerlich erschienen ist, finden wir plötzlich originell, wir schauen dann nicht mehr so genau hin. Das Gemeinschaftsbewußtsein dominiert über die ängstliche Kritik. Und genau das ist es, was man den Emotionen der Gehobenheit vorwirft: Haben sie uns nämlich ergriffen, so erheben wir uns über die Härte des Alltags; wir werden kritiklos, hören auf, die Abgründe zu sehen usw. Wir sind unernst, wir springen über Gegensätze hinweg, wir lassen auch einmal fünfe gerade sein, wir denken nicht sehr nach, wir *sind* einfach.
Sofern es für uns nicht ausschließlich die Gefühle der Gehobenheit gibt, sind das alles sehr gute Zustände. Denn auch wenn wir immer alle Konflikte bis ins letzte ausdiskutieren, wären wir doch nicht sicher, daß wir damit die Lösungen auch fänden. Muß man denn eigentlich immer reflektieren, darf man denn nicht ab und zu einfach *sein*?
Ein weiterer häufig vorgebrachter Vorwurf ist der, daß die Emotionen der Gehobenheit die Tendenz hätten,

maßlos werden. Bei der Euphorie kann man das richtige Maß in der Tat durchaus verlieren. Man wächst dann über sich hinaus, lebt allenfalls auch über seine Verhältnisse. Aber auch die Emotionen der Bedrücktheit haben die Neigung, maßlos zu werden, doch das wird seltener kritisiert. Erlebt man etwa, wie eine Gruppe von Depressiven immer depressiver wird, dann könnte man auch hier von Maßlosigkeit sprechen. Da dies jedoch als irgendwie tragisch angesehen wird, empfindet man es als eine andere Art der Maßlosigkeit als bei der Euphorie, die nicht weniger bedrohlich ist.

Alle diese Einwände sprechen letztlich nicht gegen die gehobenen Emotionen, sondern vielmehr gegen die Unbewußtheit, die auch im Umgang mit gehobenen Emotionen verherrschen kann. Lasten wir sie jedoch den gehobenen Emotionen als solchen an, dann nehmen wir nicht ernst, daß glückhaftes Erleben auch ein bewußter und schöpferischer Umschlagspunkt im Leben eines Menschen sein kann. Es ist uns aus therapeutischen Prozessen vertraut, daß – halten wir die Angst oder die Verzweiflung aus – am Grunde der Verzweiflung die Wendung zu neuer Hoffnung eintreten, ein Durchbruch stattfinden kann, wenn auch nicht notwendigerweise muß. Deshalb werden in der Therapie die Menschen ermuntert, sich ihren Gefühlen, so unangenehm sie auch sein mögen, zu stellen. Aber auch Glück kann den entscheidenden Umschlag im Leben eines Menschen bewirken.

Denken wir zum Beispiel an eine Situation, in der wir sehr verliebt waren. Überlegen wir uns, ob da nicht auch etwas neu geworden ist in unserem Leben. Normalerweise erleben wir uns dann in einem Zustand, in

dem wir den alten Adam, die alte Eva für einen Moment abstreifen und alles, was in uns angelegt ist, plötzlich leben können, weil uns jemand entgegenkommt und uns das Gefühl gibt: «Das alles bist Du, und vielleicht noch mehr. Du bist wunderbar und ganz und gar akzeptiert.»
Das sind Situationen von großem Glück, die in einem Leben wirklich eine Veränderung herbeiführen können[6]. Ich frage mich deshalb, ob wir therapeutisch manchmal weiter kämen, gelänge es uns, eine gewisse Freude zu stimulieren, statt weiter an einem Problem herumzuarbeiten, das wir im Moment nicht lösen können. Freude – so die allgemeine Ansicht – ist etwas, das uns geschenkt wird. Wir können Freude nicht machen. Wenn wir jemandem sagen: «Jetzt freue Dich doch!», dann ist das nicht möglich; Freude auf Befehl stellt sich nicht ein. Von unserem Erleben her ist Freude etwas, das uns zufällt. Meine Frage aber dennoch: Gibt es nicht doch Möglichkeiten, Freude zu stimulieren?

Die Stimmung

Die Stimmung, zum Beispiel Heiterkeit, Niedergeschlagenheit oder einfach unsere «normale» Stimmung, ist so etwas wie der atmosphärische Hintergrund unseres Lebens, der unser Erleben fortwährend beherrscht und durchdringt. Es ist schwer zu sagen, in welcher Stimmung wir jeweils sind, aber diese Stimmung spielt eine ganz große Rolle, weil sie immer die Hintergrundmusik darstellt, mit der wir psychisch leben und die wir sehr oft überhaupt nicht zur Kenntnis nehmen. Aus dieser sehr basalen Schicht der Emotio-

nen stammen auch die Tagträume: die Phantasien, denen wir nachhängen. Die Stimmung ist unser Basisgefühl der Identität.
Bei den Stimmungen wird besonders deutlich, wie sehr wir Menschen eigentlich eine «biopsychosoziale Einheit» sind. Das ist ein Ausdruck von Thure von Uexküll[7]. Der Körper, die Psyche, die Umwelt sind zusammenhängende Systeme. Das wird uns gerade bei der Gestimmtheit ganz besonders deutlich. Wenn es uns gelingt, unsere Stimmung etwas deutlicher wahrzunehmen, dann werden wir feststellen, daß uns die Stimmung von ganz verschiedenen Seiten her verdorben werden kann. Wir können von verschiedenen Seiten her verstimmt werden: durch ein körperliches Unwohlsein, durch einen Traum, eine Phantasie, einen Einfall, aber auch durch das Wetter. Es ist viel einfacher, heiter zu sein, wenn es draußen auch heiter ist, außer man hat eine schwere Depression.
Das heißt aber auch, daß ganz bestimmte Stimmungen auch ein gewisses emotionales Erleben ausschließen. Wenn wir zum Beispiel sehr niedergedrückt gestimmt sind, dann haben wir für die Emotionen der Gehobenheit kein Sensorium mehr, dann müssen wir sie abwehren.
Unsere Grundstimmung ist verhältnismäßig überdauernd. Wir sagen ohne große Überlegung: «Ich bin jetzt verstimmt», und das heißt dann auch, daß wir eigentlich wissen, wie wir «normalerweise» gestimmt sind. Man kann ein Bild aus der Musik beiziehen: Wenn man uns «anschlägt», berührt, dann kommt ein falscher Ton, weil wir eben verstimmt sind. Wir warnen ja auch: «Verdirb mir nicht die Stimmung!» oder: «Ich bin jetzt verstimmt», und einen verstimmten Men-

schen sprechen wir bekanntlich besser nicht an, oder wir sorgen für die Verbesserung der Stimmung. Verstimmtsein heißt, nicht mehr im Einklang mit sich selbst sein: nicht im Einklang mit unserer Innenwelt, nicht im Einklang mit unserem Körper oder nicht im Einklang mit der Welt, mit der Außenwelt.

Veränderungen der Grundstimmung im Laufe des Lebens sind auffällig. Sie zeigen an, daß ein wichtiges Lebensereignis eingetreten ist. Zum Beispiel sagte ein Mann, der eine schwere depressive Episode durchmachte, hinterher: «Ich war früher eigentlich eher ein heiterer Mensch. Menschen hatten mich gern, ich war eine Stimmungskanone. Ich habe Freude verbreitet usw. Und plötzlich merkte ich, daß ich immer so ängstlich gestimmt war. Ich habe gedacht, das ist jetzt einfach, weil ich älter werde.» Es wurde ihm auch zurückgemeldet, daß er jetzt endlich erwachsen werde, denn heiter seien ja nur Kinder und Naive. Er hat damals das Alarmzeichen, das die veränderte Stimmung ausdrückte, nicht wahrgenommen, hat nichts in seinem Leben verändert – und wurde schwer depressiv. Natürlich kann man nicht behaupten, er wäre nicht depressiv geworden, hätte er den Umschlag in seiner Lebensgrundstimmung bemerkt. Aber vielleicht hätte er früher Hilfe gesucht.

Veränderungen der Grundstimmung kann man auch bei körperlichen Krankheiten feststellen. Sehr oft ist es ein Absinken der Stimmung auf eine gewisse Schwermut hin, das eine Krankheit vor-anzeigt; Menschen, die an sich durchaus eine durchschnittliche mittlere Ruhe haben, werden plötzlich ängstlich, unruhig. Eine Frau wurde innerhalb der Therapie überraschend ängstlich, unruhig, auch bedrückt. Ich konnte weder

von innen her, von ihren Träumen, ihren Phantasien noch von der Außenwelt her, einen Auslöser festmachen. Der Arzt stellte dann eine chronische Nierenbeckenentzündung fest. Wir müssen uns bei solchen grundsätzlichen Stimmungsänderungen fragen, was sich wohl in unserem Leben verändert hat. Oft sind es auslösende Situationen, die uns ohne weiteres verständlich sind. Wenn wir zum Beispiel einen Menschen verloren haben, dann ändert sich unsere Grundstimmung. Unsere Grundstimmung müßte sich aber auch ändern, wenn wir uns erfüllende Erlebnisse haben.
Zum Gestimmtsein und Verstimmtsein gehören auch die Stimmungsschwankungen. Im allgemeinen haben wir zunächst eine eher gleichbleibende Stimmung, die wir als *unsere* Stimmung erkennen. In den Stimmungsschwankungen haben wir dann ein wunderbares Barometer, das uns anzeigt, daß etwas nicht stimmt. Nun kennen wir alle das Ideal der Gleichgestimmtheit. Wenn es in einem Gutachten heißt, der Proband leide unter Stimmungsschwankungen, dann wird das nicht so gelesen, als sei das eben ein Mensch, der sehr bewußt reagiert auf Veränderungen im Körper, in der Umwelt, in seinem Selbst, in seiner Psyche, sondern es wird als Hinweis darauf verstanden, daß dieser Mensch leicht störbar ist, vielleicht sogar launisch. Wir hängen oft so sehr an einem Ideal der Gleichgestimmtheit, daß wir die Signale der Stimmungsschwankungen übersehen: Sie sind Zeichen dafür, daß etwas nicht stimmt, daß wir etwas verändern müßten in unserem Leben, so daß wir eben wieder richtiger gestimmt wären. Es ist dieses ganz feine Signal der Emotion, sehr oft körperlich erlebbar, das uns anzeigt, daß etwas verändert werden müßte, verändert werden könnte.

Stimmungen kann man verändern, indem man an den drei Punkten ansetzt, die sie mitbedingen: an der Mitwelt, an der Innenwelt, am Körper. Wir kennen sicher alle die Situation, etwas arbeiten zu müssen, ohne richtig in der Stimmung dazu zu sein. Was tun wir dann? Es gibt Menschen, die warten, bis sie in Stimmung sind. Das kann sehr lang dauern. Andere sagen: «Ich kann mich gar nicht darum kümmern, ob ich in Stimmung bin oder nicht», und sie machen, was sie tun müssen. Manche kommen dabei, fangen sie erst einmal an, auch in Stimmung, andere werden immer verstimmter. Eine rigorose Arbeitsethik, die nicht nach der Stimmung fragt, führt also nicht notwendigerweise zum Erfolg. Aber es ist möglich, daß man mit dem Aufnehmen des Arbeitsprozesses in Stimmung kommt. Wieder andere Menschen tun etwas ganz anderes, als verlangt ist, um sich in Stimmung zu bringen. Ich kenne einen Kollegen, der immer dann, wenn er einen Aufsatz schreiben muß, zuerst Platon liest. Das bringt ihn in Stimmung. So kennen die meisten von uns gewisse Tätigkeiten und Vorlieben, die uns in Stimmung bringen. Es ist also möglich, sich in Stimmung zu bringen. Es ist nur so, daß gewisse Stimmungen andere einfach ausschließen. Wenn man schwermütig ist, dann ist die Stimmung der Heiterkeit unangenehm. Dennoch ist es möglich, daß wir unsere Stimmungen verbessern.
Emotionen sind ansteckend: Wir geraten leicht in einen Emotionszirkel. Wenn Sie durch die Straßen einer Stadt gehen und jeden Menschen freundlich anlächeln, dann werden sehr viele Menschen zurücklächeln. Das macht Sie selbst noch etwas freundlicher gestimmt, Ihr Lächeln wird noch freundlicher und wird dann auch noch freundlicher beantwortet. Wenn Sie

hingegen mit finsterer Miene durch die Stadt laufen, so daß man den Eindruck bekommt, viele spitze Pfeile gingen – bildlich gesprochen – von Ihnen aus, dann werden Sie feststellen, daß eine entsprechende emotionelle Reaktion erfolgt. Sie signalisieren ja auch: Kommt mir nicht zu nahe, ich bin gefährlich. Das wird verstanden, niemand kommt Ihnen nahe. Aber vielleicht möchten Sie gerade, daß Ihnen jemand nahekommt.

Das sind Beispiele für einen Emotionszirkel: Die Emotionen, mit der wir jemandem begegnen, löst bei ihm oder ihr meistens die gleiche Emotion aus, diese verstärkt unsere Ursprungsemotion usw. Gerade im Stimmungsbereich sind wir sehr ansteckbar. Es ist zum Beispiel außerordentlich schwierig, lange mit «muffigen» Menschen zusammenzuleben. Sind wir mit Menschen zusammen, die leicht aggressiv gestimmt sind, werden wir es plötzlich auch, und es braucht eine Abgrenzungsleistung, um nicht davon beeinflußt zu werden. Eines der Probleme im Zusammenleben mit anderen Menschen sind die Emotionszirkel: Wir haben den Eindruck, daß wir uns den Stimmungen dieser Menschen nicht entziehen können. Es sind gar nicht so sehr die Aktionen oder Interaktionen, die das Leben so schwer machen. Oft hört man den Satz: «Er oder sie hat mir gar nichts Böses getan, aber ich kann nicht atmen in seiner oder ihrer Umgebung.» Das hängt mit den Stimmungen zusammen. Weil wir in der Stimmung sozusagen symbiotisch sind mit unserer Innenwelt, mit der Mitwelt, mit der Umwelt, auch mit der Natur und unserem Körper, sind wir den Stimmungen anderer zunächst ausgeliefert. Wir müssen eine bewußte Leistung erbringen, um uns abzugrenzen. Daß wir in unseren Stimmungen so leicht miteinander verschmelzen, macht es uns auch möglich, einander sehr nahe zu sein. Dennoch ist es durchaus möglich, daß wir unsere Stimmungen verändern, um etwa in eine eher gehobene Stimmung zu geraten. Das Wesentlichste aber ist, daß wir unsere eigene Stimmung wahrnehmen, damit wir uns von anderen Menschen abgrenzen können. Das heißt, daß wir immer wieder versuchen, wahrzunehmen, in welcher Stimmung wir sind – und wie wir sie ausdrücken könnten.

Die Stimmung wird sehr oft mit dem Wetter verglichen: Wir fühlen uns heiter oder umwölkt. Gelegentlich wird unsere Stimmung auch in einem komplexen Bild aus der Natur ausgedrückt, zum Beispiel: «Ich fühle mich wie ein brachliegender Acker.» «Bei mir knospt's und sprießt's».

Viele Menschen vergleichen die Stimmungen auch mit der Musik, etwa: «Meine Stimmung entspricht dem Nocturne von Ravel.» Das sind oft Menschen, die auch sonst mit Musik zu tun haben.

Stimmungen werden manchmal auch sehr intuitiv den Farben zugeordnet. «Heute konnte ich dieses blaue Kleid einfach nicht anziehen, das hätte einfach nicht gestimmt», ist eine Aussage, die mit Stimmung zusammenhängt. Das Kleid paßte nicht zu der Grundstimmung. Kürzlich kam eine trauernde Frau in einem wunderschön strahlend gelben Kleid in die Therapiestunde. Vorher war sie immer in schwarz gekleidet gewesen. Sie erläuterte es: «Sie sagten einmal, auch in der Trauer könne man zwischendurch auch Freude haben. Heute konnte ich diese schwarze Kleidung einfach nicht mehr anziehen und habe mich strahlend gelb angezogen.» Sie trug eine Woche später grau.

Man kann die Stimmung auch wahrnehmen, indem man ein Bild malt oder indem man die Tagträume beachtet. Zum Bewußtmachen unserer Stimmungen gehört, daß wir spüren und erkennen, was unsere Stimmung und auf welche Weise verändert. So kann zum Beispiel ein heiteres Gestimmtsein durch großen Lärm, aber auch durch die Neidattacke eines anderen Menschen, der uns die gute Stimmung nicht gönnt, in ein eher ärgerliches verkehrt werden.

Die Gefühle

Unter Gefühlen versteht man anlagemäßige Tendenzen zum Erleben, zum Beispiel Liebe, Haß, Neid usw., die benennbar oft auch mit einer Phantasie oder mit einem Bild verbunden sind. Diese «wurzelhaften Seelenbewegungen», wie sie Jaspers[8] nennt, sind auf etwas bezogen. Wenn ich Interesse habe, habe ich Interesse an etwas oder ich freue mich über oder auf etwas. Gefühle haben oft ein Ziel, während die Stimmungen einfach Ausdruck sind für unser gegenwärtiges So-Sein. Wir können gar nicht *nicht* gestimmt sein, wir haben immer eine Stimmung, sie kann sehr mies sein aber sie ist nicht *nicht*. Benennbare Gefühle sind dagegen nicht jederzeit erlebbar. Diese Gefühle sind mit Kognition verbunden, also mit dem Gedächtnis, mit Denken, mit Vorstellung, das heißt mit Gefühlen sind Ideen, Phantasien, Weltanschauungen verbunden.

Die Affekte

Von Affekt reden wir, wenn wir es mit einer heftigen, komplexen Gefühlsregung zu tun haben. Diese geht meistens mit einem hohen Grad an körperlicher und psychischer Erregung einher. Der kognitive Bereich ist dann sehr beeinträchtigt. Wenn der Affekt so richtig durchbricht, dann sind wir keinem vernünftigen Argument mehr zugänglich. Wir widersprechen uns. Wir sehen die Realität keinesfalls so, wie sie eigentlich ist, wir nehmen sie manchmal nicht einmal mehr richtig wahr. Alle kognitiven Strukturen sind in einem solchen Moment verzerrt. In der Jungschen Begrifflichkeit ausgedrückt, ist der Affekt Zeichen dafür, daß ein konstellierter Komplex angesprungen ist, das heißt, daß ein starker Gefühlsstau in Form von Wutausbrüchen, Angstattacken, Freudenausbrüchen usw. von dem Menschen Besitz ergriffen hat, daß die Kontrolle des Ichs versagt, daß stereotype Verhaltensmechanismen einsetzen usw.[9] Die Affekte sind mit heftigen körperlichen Reaktionen verbunden.

Wenn ich von gehobenen Emotionen spreche, dann kann es um Stimmungen, um Gefühle, um Affekte gehen. Einmal ist mehr der eine Aspekt im Vordergrund, einmal mehr der andere. Grundsätzlich scheint mir sowohl die Unterteilung als auch der Zusammenhang, den Jaspers formulierte, noch immer gültig:

«Auf Unterschieden der Intensität und Dauer beruht die alte und brauchbare Einteilung: Gefühl, Affekt, Stimmung. Gefühle heißen einzelne eigentümliche wurzelhafte Seelenbewegungen. Affekte nennt man augenblickliche komplexe Gefühlsverläufe von großer Intensität und auffallenden körperlichen Begleit- und Folgeerscheinungen. Stimmungen nennt man das Zumutesein oder die innere Verfassung bei länger dauernden Gefühlszuständen, die dem gesamten Seelenleben für die Dauer ihres Bestehens eine eigene Färbung geben.»[10]

Unsere Biographie im Spiegel von «Emotionsfeldern»

Es gibt einige Grundgefühle, die unsere Persönlichkeit ausmachen, die zum Teil also zeit- und situationsüberdauernd sind. Diese Gefühle können dann auch einmal zu Affekten werden, oder mehr als Hintergrundsatmosphäre unsere Stimmung ausmachen.
Die *Emotionsfelder.* – In der folgenden Tabelle habe ich viele Wörter aufgeschrieben, die Emotionen betreffen. Es gehört nun zu den Verhaltensweisen der Emotionen, daß sie leicht in andere übergehen, sei es durch die Steigerung einer bestimmten Emotion oder durch ihre Abschwächung. So geht Wut leicht in Ärger über oder in Irritation, Irritation in Ärger, in Haß und letztlich in Verzweiflung. Im Grunde handelt es sich um emotionelle Konfigurationen, um ganze Emotionsketten oder Emotionsfelder, die aber in keiner Weise vollständig aufgeführt sind.

Wut – Ärger – Irritation – Haß – Verzweiflung

Angst – Schreck – Furcht – Verzweiflung

Freude – Zufriedenheit – Heiterkeit – Behagen – Glück – Liebe – Dankbarkeit

Hoffnung – Freude – Begeisterung

Aversion – Ekel – Überdruß

Erwartung – Sehnsucht – Zuversicht – Hoffnung

Wut
Kummer – Trauer <
Angst

Langeweile – Interesse – Inspiration

Eifersucht – Neid – Haß – Verachtung – Schadenfreude

Schreck
Überraschung <
Angst

Erbarmen – Mitgefühl – Großmut

Geduld – Gelassenheit – Vertrauen

Stolz – Schuld – Scham

Das *Experiment*. – Wenn Sie diese Wortfelder lesen, dann überlegen Sie sich einmal, welche Emotionen oder Emotionsfelder für Ihr emotionales Erleben im Augenblick zutreffen. Welche Emotionen erleben Sie oft an sich, welche kennen Sie gut? Wählen Sie 4–8 Emotionen spontan aus. – – –
Jetzt versuchen Sie sich an den Tag zu erinnern, an dem Sie in die Schule eingetreten sind. Versuchen Sie sich zu sehen als Schulanfänger oder als Schulanfängerin. Erinnern Sie sich: Welche Emotionen waren da-

mals wichtig? Welche Emotionen haben Sie damals am häufigsten erlebt? – – –

Wählen Sie jetzt einen markanten Zeitpunkt in Ihrem Leben – zwischen Schuleintritt und heute – und wählen Sie Emotionen, die jene Phase auszeichnen. Was sagen diese gewählten Emotionen über Sie aus? Haben Sie Emotionen der Gehobenheit ausgewählt? Haben Sie ein Idealbild gezeichnet oder vielleicht ein verfälschtes, verdüstertes Realbild?

Einige Emotionen sind bei uns das ganze Leben hindurch vorherrschend. Im Sinne der Komplextheorie hieße das, daß gewisse Grundthemen in unserem Leben als Hemmungs- und Entwicklungsthemen immer bestimmend bleiben, während andere Themen sich verändern. Sie werden bei Ihrer Auswahl feststellen, daß gewisse Emotionen überdauernd sind, andere dazukommen und verschwinden.

Nach dem Idealbild bzw. dem verdüsterten Realbild frage ich deshalb ausdrücklich, weil wir nicht davon ausgehen können, daß wir unsere Emotionen sachlich wählen können: Unsere Neigung, uns idealer oder verdüsterter zu zeichnen, spielt bei der Auswahl mit. Mir schiene es daher wichtig, Menschen, die uns gut kennen, zusätzlich zu fragen, welche Emotionen ihrer Ansicht nach in unserem Leben im Vordergrund stehen.

Ein *Beispiel*. – Die Emotionsfelder eines 42jährigen Mannes zeigten sich so: Bei dem 7jährigen Buben, bei Schuleintritt, dominierten die Emotionen Angst, Sehnsucht, Verachtung, Einsamkeit, Geduld. Können wir uns diesen Buben vorstellen? Er hat Angst und Sehnsucht, spürt Verachtung und verachtet, fühlt sich einsam und ist geduldig. Bei dem 21jährigen Studenten herrschen Ärger, Haß, Liebe, Interesse, Neid,

Einsamkeit vor. Mit 42 Jahren sind es die Gefühle der Einsamkeit, Zufriedenheit, Gelassenheit, von Stolz und Sehnsucht, die seine emotionalen Stimmungen vor allen ausmachen.
Das ängstliche 7jährige Kind, das sich vor lauter Einsamkeit nur mit Arroganz retten konnte, ist mit 21 Jahren aggressiv, aber auch voller Interesse an der Welt, verliebt, aber auch vom Neid auf Erfolgreichere zerfressen. Neid macht einsam. Mit 42 Jahren hat er akzeptiert, daß er ein einsamer Mensch ist, er ist – weil er sein So-Sein akzeptieren kann – ruhig, gelassen. Anstelle der Arroganz steht Stolz.
Aus dieser Emotionsbiographie wird deutlich, daß gewisse Emotionen andauern (Einsamkeit, Angst, wohl auch der Neid), daß andererseits sich auch deutliche Entwicklungen abzeichnen. Wir könnten nun fragen, welche Ereignisse dazu geführt haben, daß die lebendigen Aggressionen, die Bewegung hin zur Welt, die mit 21 deutlich erlebbar waren, bis zu seinem 42. Lebensjahr wieder verschwunden sind.
Beachten wir nämlich unsere Biographie aus der Perspektive von unterschiedlichen Emotionen, so gewinnen wir einen wichtigen Zugang zu unserem Wesen und zu unserer jeweiligen Grundgestimmtheit in verschiedenen Lebensaltern, und das wiederum läßt uns unsere Geschichte, das heißt wesentliche Ereignisse in unserem Leben erinnern. Wir erinnern nicht nur das, was uns sowieso einfällt, wenn wir aus unserem Leben erzählen, es werden uns neue Zugänge zu uns selbst erschlossen.
Emotionen haben aber nicht nur mit unserer Geschichte zu tun, sie stehen immer auch im Zusammenhang mit unseren Beziehungen zu den Mitmenschen.

Emotionen und ihr Ausdruck

Wie unser Körper unsere jeweiligen Emotionen zeigt, das ist das Thema der Ausdruckspsychologie. Wir wissen, daß sich die Körperhaltung je nach Stimmung verändert. Wir kennen unsere eigene Stimme: Wir wissen, wie wir uns «normal» anhören, wie die Tonlage unserer Stimme ist, wenn wir hysterisch werden, vorwurfsvoll oder betont ruhig oder wenn wir unbedingt etwas erreichen wollen. Diese Phänomene können wir auch bei anderen Menschen wahrnehmen. Wir sehen auch, wenn jemand blaß wird, einen Schweißausbruch bekommt, wenn er weiß oder rot im Gesicht wird, oder wenn sich die Züge schmerzhaft verzerren. Das alles nennt man Gebärden oder expressive Gebärden oder eben Ausdrucksbewegungen. Unter anderem schließen wir aufgrund dieser Gebärden oder Ausdrucksbewegungen auf dahinterliegende Emotionen, und zwar über die Empathie. Unbewußt fragen wir uns, wie wir uns fühlen würden, hätten wir diesen Gesichtsausdruck, würden wir mit dieser Stimme sprechen. Es ist ein empathisches Mitschwingen, verbunden mit Identifikation, das uns nicht zum Bewußtsein kommen muß. Gebärden sind in der Regel Ausdruck von Gefühlen: Wenn wir eine Gebärde des Erschreckens machen, sind wir wahrscheinlich wirklich erschrocken, oder eine Gebärde des Erstaunens drückt unser Erstaunen aus. An unseren Gebärden werden uns unsere Gefühle bewußt, spüren wir uns; andere Menschen können diese Emotionen auch sehen, sie an uns ablesen. Unsere Mitmenschen geben meistens auch nonverbal eine Rückantwort, daß oder wie die Gebärde verstanden worden ist. Wie wichtig es ist, diese Aus-

drucksbewegungen wahrzunehmen und zu deuten, merkt man zum Beispiel, wenn man ein problemreiches Telefongespräch führt. Ehekrach am Telefon sollte man vermeiden: Wenn wir uns auseinandersetzen, dann schauen wir den anderen Menschen immer an, und wir gehen mit unseren Äußerungen immer hart an die kritische Grenze, also hart an den Punkt heran, wo der andere Mensch sich zurückzieht oder böse wird, wo der Kontakt abzubrechen droht. Solange wir den ganzen Körper des Menschen sehen, gelingt uns das in der Regel. Wenn wir aber unser Gegenüber nicht sehen, dann fehlt die ganze Informationsquelle des Ausdrucks. Wir sind viel unsicherer über die emotionalen Auswirkungen unseres Gespräches.
Aber lesen wir den Ausdruck immer richtig? Wir gehen eigentlich davon aus, daß wir diese Ausdrucksgesten kennen. Nun weiß man aber, daß beispielsweise Angst und Wut sehr ähnliche Drüsensekretionen und auch ähnliche Gesichtsverzerrungen bewirken[11]. In Therapien kann es vorkommen, daß ein Therapeut oder eine Therapeutin sagt: «Ich spüre jetzt Angst bei Ihnen», und der Analysand oder die Analysandin selber sagt: «Nein, ich spüre Wut.» Dann stellt sich die berechtigte Frage: «Weiß denn jemand, wie ich mich gerade fühle?» Auch im Bewußtsein haben wir bei großer Angst und bei großer Wut sehr ähnliche Gefühle. Manchmal habe ich den Eindruck, es kommt einfach darauf an, wie man gelernt hat, diese Gefühle zu benennen. In einer Familie, in der alle ängstlich sind, wird unendlich vieles als Angst bezeichnet. In einer Familie, in der man eher zornmütig ist, wird sehr vieles als Zorn bezeichnet. Wir können Emotionen falsch ablesen oder unterschiedlich benennen.

Wir alle wissen, daß man emotionale Gebärden auch spielen kann. Wir spüren etwa, daß wir jetzt so richtig empört zu sein haben, um den Gesprächspartner zu befriedigen. Entweder spielen wir jetzt, wir seien empört, auch wenn wir es nicht sind, oder wir kränken diesen Menschen und müssen uns dann noch auf Diskussionen einlassen, weshalb wir jetzt nicht empört sind. Wenn wir uns einmal einen Tag lang beobachten, dann werden wir feststellen, daß wir ab und zu diese Gebärden spielen, ohne daß eine Emotion dahinter ist. Die Frage ist dann, ob wir gute Schauspieler und Schauspielerinnen sind?
Ob Gesten und Gebärden korrespondieren, hängt von der Person ab, von der Situation, aber auch von der Spielregel. Das merken wir, wenn wir in ein Land mit anderen Sitten kommen. Wenn dort jemand auf einer Party steif lächelt, so kann es sein, daß die Spielregeln ein steifes Lächeln verlangen. Erst wenn er in einer solchen Situation nicht lächelt, könnte eine Emotion dahinterstecken, und dieser Mensch würde etwas Ungewöhnliches ausdrücken. Wie aber soll man es ausdrücken, wenn man tatsächlich ein bißchen lächeln möchte, auch von innen her, die Spielregeln jedoch zwar ein Lächeln, aber ein steifes verlangen? Wenn wir Person, Situation und Spielregeln nicht kennen, dann wissen wir nicht, ob wir uns auf die Emotion einlassen können. Deshalb, meine ich, müssen wir nicht nur auf unsere Empathie achten, uns also fragen, wie sich der andere Mensch wohl fühlt, indem wir uns ganz in ihn hineinversetzen, sondern auch auf die Inszenierungen, die jeweils stattfinden mögen. Emotionen bleiben nämlich selten reine Emotionen, sie stimulieren auch zu Handlungen: Ein Mensch in großer Angst wird

möglicherweise zum Rückzug blasen und sich zurückziehen, ein wütender Mensch wird eher laut werden und sich überlegen, wie er die Situation verändern kann, usw. An den Folgeerscheinungen der Emotionen ist manchmal leichter als mit der Empathie allein herauszufinden, um welche Gefühle es sich handelt und ob überhaupt gefühlte Gefühle da sind. Auch wenn ich sage, die Emotion sei ein Selbstausdruck, wissen wir, daß wir sehr oft von der Emotion abgeschnitten sind und dann nur noch leere Gebärden zum Ausdruck bringen. Das ist auch der Grund, weshalb in der letzten Zeit vermehrt von emotionaler Echtheit gesprochen wird. Emotionale Echtheit bedeutet, daß unseren Gebärden wirkliche Gefühle zugrunde liegen. Diese wirklichen Gefühle muß man wagen. In diesem sich Zeigen liegt zwar ein Risiko, doch auch eine Chance. Dazu kommt noch eine soziale Komponente: Gewisse Gefühlsausbrüche sind nicht toleriert oder nur in einem gewissen Rahmen. Wenn wir uns wirklich konsequent weigern würden, Hülsen zu sein, dann würde das auch im sozialen Bereich Folgen haben, dann müßten einige starke Emotionen und ihr Ausdruck wieder zugelassen werden: Man müßte zum Beispiel lauter lachen dürfen, als es erlaubt ist, man müßte aber auch lauter weinen dürfen, man müßte auch schreien dürfen vor Freude. Berufsmäßige Schauspieler und Schauspielerinnen können sich in Gefühle hineinversetzen bis hin zu einer ganz starken Identifikation. Ihr Lachen beispielsweise kann ein ganz ehrliches Lachen sein, nicht nur Gebärde, sondern vom wirklichen Gefühl unterlegt; das gleiche gilt für den Ausdruck ihrer Gebärden.

Bei all dem, was ich bisher über die Psychologie der

Emotionen dargestellt habe und was uns auch im folgenden beschäftigen wird, bewegt mich die Frage, was wir für die Gefühle der Gehobenheit tun können, damit sie wieder in starker Gebärde – von echten Gefühlen getragen – geäußert werden können. Ich gehe davon aus, daß wir für die Gefühle der Gedrücktheit wesentlich weniger tun müssen als für die gehobenen Emotionen und auch weniger tun. Denken wir an die Schauspieler und die von ihnen echt mitgefühlten und gespielten Gebärden, so stellt sich die Frage, ob es uns möglich ist, uns imaginativ derart in die Gefühle der Gehobenheit hineinzuversetzen, daß diese zu unseren ganz wirklichen Gefühlen werden.

Emotionen als komplexe Regulationssysteme

Im folgenden soll ein Schema oder Modell darstellen, wie Emotionen, ihre wesentlichen Aspekte und ihre Wirkungsweise in komplexen Regulationssystemen miteinander vernetzt sind und wie es dazu kommt.
Im Zentrum steht die Emotion als Ausdruck des Selbsterlebens und als Selbstausdruck: Mein bewußtes aktuelles emotionales Empfinden ist im jeweiligen Moment Ausdruck meiner *Identität*. Dieser Selbstausdruck ist verbunden mit dem *Körper* als ganzem, insofern natürlich auch mit Gehirn, Nervensystem, Muskeln[12]. Dann haben die Emotionen zu tun mit unseren *Beziehungen*, mit unserer Mitwelt, mit unserer Umwelt. Das ist mir ganz besonders wichtig, vor allem im Zusammenhang mit den gehobenen Emotionen. Die Emotionen sind Ausdruck *unserer Bilder* oder Vorstellungen, unserer Komplexe und der ihnen zugrundelie-

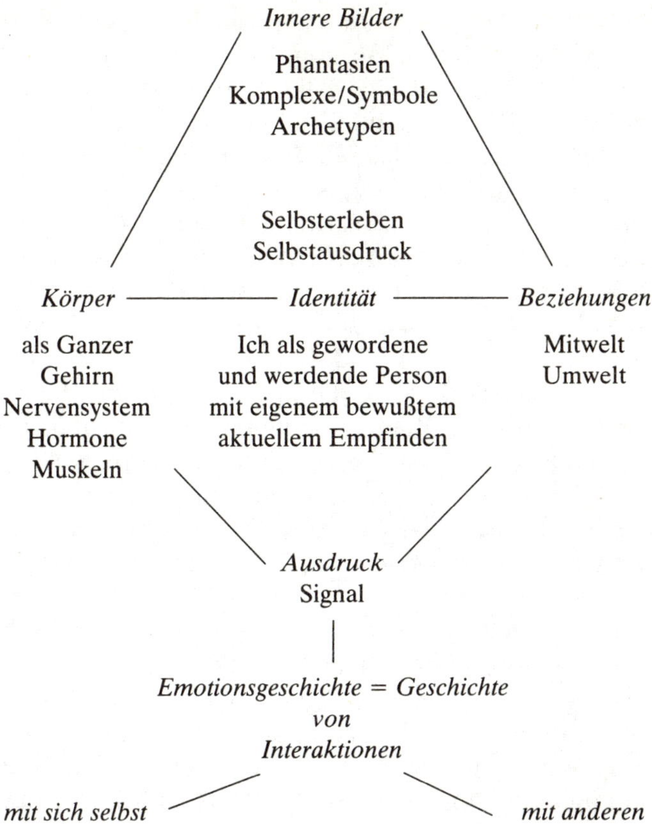

genden Archetypen. Alles in allem hat das Selbsterleben im Modus der Emotion immer auch einen Signalcharakter, einen *Ausdruckscharakter*. Deshalb können Emotionen auch *Regulationssysteme* genannt werden. Wir müssen uns emotional ausdrücken, damit Körper, Psyche, Umwelt, Beziehungen wieder stimmig werden.

Alle diese Bereiche stehen miteinander in vielfältiger Vernetzung: Unsere Beziehungen haben zu tun mit unseren Komplexen, das heißt den verfestigten Beziehungsstrukturen unserer Kindheit; unsere Komplexe wirken direkt auf unseren Körper; unser Ausdruck steht im Zusammenhang mit Körper, Innenwelt, Beziehung usw. Dieses Zusammenspiel begleitet uns durch unser ganzes Leben. Wir haben gleichsam eine *Emotionsgeschichte* mit uns selbst, die aber zugleich eine *Interaktionsgeschichte* ist, also eine Emotionsgeschichte *mit uns selbst* und *mit anderen Menschen* bzw. der Emotionsgeschichte dieser Menschen. Das heißt, eine Emotionsgeschichte mit uns selbst ist nicht denkbar ohne die Geschichte unserer Beziehungen. Hat man Ihnen zum Beispiel als Kind immer wieder zu verstehen gegeben, daß Sie ein heiteres Kind sind, daß man sich freut, wenn Sie auftauchen, dann ist das in Ihr Selbstverständnis übergegangen: Sie sind ein heiteres Kind, ein heiterer Mensch. Man freut sich, wenn man Sie sieht. Wenn man Ihnen als Kind gesagt hast: «Du bist eigentlich ein lästiges Kind», dann ist auch das in Ihr Selbstverständnis übergegangen: «Ich bin ein lästiges Kind, ein lästiger Mensch. Ich muß etwas tun, damit die Leute mich gern sehen.» Das sind ganz einfache emotionale Etiketten, die zeigen, daß die Emotionsgeschichte mit uns selbst mit der Emotionsgeschichte anderer Menschen zusammenhängt und nicht nur mit unserem aktuellen Leben und unseren gegenwärtigen Beziehungen und mit unseren Komplexen. Die Emotionsgeschichte ist auch Beziehungsgeschichte. Das bedeutet, daß man Emotionen nur lebenslauf- und beziehungsorientiert erforschen kann.

Freude

Einstimmung in die Freude

Eine *Übung*. – Ich möchte Sie zu einer kurzen Übung einladen: Schließen Sie die Augen oder fixieren Sie einen Punkt und versuchen Sie, Ihre Stimmung wahrzunehmen. – – –
Jetzt stellen Sie sich eine Situation vor, in der Sie sich gefreut haben! – – –
Geben Sie sich ganz in diese Vorstellung hinein! – – –
Wie drückten Sie da die Freude aus? – – –
Haben Sie einen Ausdruck unterdrückt? – – –
Was fühlen Sie, wenn Sie an diese Freude denken? – – –
Öffnen Sie die Augen, strecken Sie sich ein bißchen![13]
Wie hat diese kurze Imagination auf Ihre Stimmung gewirkt? Sind Sie in derselben Stimmung wie zuvor? Hat sie sich verändert?
Wenn ich von Freude spreche, dann spreche ich von dem Emotionsfeld «Freude – Zufriedenheit – Heiterkeit – Behagen – Glück – Liebe – Begeisterung – Inspiration – Ekstase – Rausch». Emotionen gehen ineinander über, wie wir schon feststellten: Freude kann sehr leicht zu Begeisterung werden, und dann ist die Ekstase auch nicht mehr sehr weit entfernt. Eine Freude kann andererseits in eine ruhige Zufriedenheit münden. Deshalb schiene es mir korrekter, statt von Emotionen von Emotionsfeldern zu sprechen.

Um uns in die Freude und in Freudenäußerungen einzustimmen, möchte ich einen Text von Ingeborg Bachmann beiziehen. Im Roman «Malina» gibt es zwei Männer, Ivan und Malina. Ivan will das Roman-Ich zum Leben verführen, Malina eher zum Tod. In diesem Buch sagt Ivan einmal:

«. . . es muß auch andere [Bücher] geben, die müssen sein, wie EXSULTATE JUBILATE, damit man vor Freude aus der Haut fahren kann, du fährst doch auch oft vor Freude aus der Haut, warum also schreibst du nicht so. Dieses Elend auf den Markt tragen, es noch vermehren auf der Welt, das ist doch widerlich, alle diese Bücher sind widerwärtig.»[14]

Und nun will also das Roman-Ich einen Roman schreiben, bei dem man vor Freude aus der Haut fahren kann. Versuchen wir doch, uns den Bachmann-Text bildhaft vorzustellen, der davon handelt, daß ein Freudenbuch geschrieben werden soll; Emotionen und Bilder stehen in einem direkten Bezug zueinander:

«Ein Brausen von Worten fängt an in meinem Kopf und dann ein Leuchten, einige Silben flimmern schon auf, und aus allen Satzschachteln fliegen bunte Kommas, und die Punkte, die einmal schwarz waren, schweben aufgeblasen zu Luftballons an meine Hirndecke, denn in dem Buch, das herrlich ist und das ich also zu finden anfange, wird alles sein wie EXSULTATE JUBILATE. Wenn es dieses Buch geben sollte, und eines Tages wird es das geben müssen, wird man sich vor Freude auf den Boden werfen, bloß weil man eine Seite daraus gelesen hat, man wird einen Luftsprung tun, es wird einem geholfen sein, man liest weiter und beißt sich in die Hand, um vor Freude nicht aufschreien zu müssen, es ist kaum auszuhalten, und wenn man auf dem Fensterbrett sitzt und weiterliest, wirft man den Leu-

ten auf der Straße Konfetti hinunter, damit sie erstaunt stehenbleiben, als wären sie in einen Karneval geraten, und man wirft Äpfel und Nüsse, Datteln und Feigen hinunter, als wäre Nikolaustag, man beugt sich, ganz schwindelfrei, aus dem Fenster und schreit: Hört nur, hört! schaut nur, schaut! ich habe etwas Wunderbares gelesen, darf ich es Euch vorlesen, kommt näher alle, es ist zu wunderbar!
Und die Leute fangen an stehenzubleiben und aufzumerken, es sammeln sich immer mehr Leute an, und Herr Breitner grüßt einmal zur Abwechslung, er muß nicht mehr beweisen, mit seinen Krücken, daß er der einzige Krüppel ist, er krächzt freundlich grüß Gott und guten Tag, und die dicke Kammersängerin, die sich nur nachts aus dem Haus traut und in Taxis abfährt oder vorfährt, wird etwas dünner, sie nimmt in einem einzigen Moment fünfzig Kilo ab, sie zeigt sich im Stiegenhaus, sie schreitet theatralisch, ohne Atemnot, bis zum Mezzanin, wo sie mit ihrer Koloratur beginnt, einer um zwanzig Jahre verjüngten Stimme: cari amici, teneri compagni! und niemand sagt herablassend, das haben wir von der Schwarzkopf und von der Callas schon besser gehört, aber das Wort ‹fette Wachtel› ist aus dem Stiegenhaus verschwunden, und die Leute aus dem dritten Stock sind rehabilitiert, eine Intrige hat sich in Nichts aufgelöst. Soviel bewirkt die Nachfreude, weil es endlich ein herrliches Buch auf Erden gibt, und ich mache mich auf und suche nach seinen ersten Seiten für Ivan, ich mache ein geheimnisvolles Gesicht, denn es soll eine Überraschung für ihn werden.»[15]

Das herrliche Buch, das einen vor Freude aus der Haut fahren läßt, ist nie geschrieben worden. «Malina» ist ein Band aus einer Trilogie mit dem Titel «Todesarten», und am Schluß des Romans «Malina» verschwindet das Roman-Ich in eine Wand, und es heißt: «Es war Mord.»
Der vorliegende Text sagt jedoch sehr viel über die Freude aus, auch über die Phänomenologie der

Freude. Die Grundidee ist, daß man schon über dem Lesen von freudigen Texten mit Freude angesteckt werden kann. Man muß gar nichts Freudiges erleben, es genügt ein richtig freudiges Buch, um freudig zu werden. Es geht um das Lebensgefühl, das in «Exsultate Jubilate», dem «Jauchzet, frohlocket», ausgedrückt und zur Inspiration für manchen Komponisten geworden ist, doch auch das Grundgefühl der anderen Fremdwörter im Text darstellt: Es setzt ein *Leuchten* ein, die Silben *flimmern*, alles *schwebt* in die *Höhe*. Es ist bekannt, daß beim Lachen die Mundwinkel normalerweise in die Höhe gehen. Unser Gesicht «schwebt» also auch ein bißchen in die Höhe. Das Leuchten und Flimmern, von dem Ingeborg Bachmann spricht, finden wir auch in unserem Ausdruck der leuchtenden Augen, wenn wir uns freuen. Wir machen Freudensprünge und Luftsprünge oder würden sie gern machen. Mit der Emotion der Freude überwinden wir gewissermaßen die Erdenschwere – deshalb gilt sie auch als unernst. Bewegungen der Freude sind Bewegungen in die Höhe, in der Vertikalen. Freude hat mit dem Überwinden der Widerständigkeit des Daseins zu tun und gibt uns die Möglichkeit, «über uns hinausgehen zu können», uns in der aktuellen Situation zu transzendieren. Zwar spricht der Text auch davon, daß man «sich vor Freude auf den Boden werfen» möchte, als wäre es zu gefährlich, wenn man zu sehr in den Himmel abheben würde – die Verbindung zum Boden muß immer wieder hergestellt werden –, dennoch hat Freude zunächst mit der Überwindung der Erdenschwere zu tun.

Die Freude, die uns in die Höhe zieht – nicht so sehr auf ein Ziel hin; wenn man zielgerichtet ist, kann man sich gar nicht so sehr freuen –, verweist auch darauf, daß sie viel mit unserer Phantasie zu tun hat. In der Phantasie sind wir einerseits ganz bei uns, andererseits aber auch ganz über uns hinaus. Das ist wohl das Grundsätzliche an der Freude, daß sie uns Verbundenheit mit etwas, das über uns hinausgeht, suggeriert, sie uns erfahren und darin auch verlorengehen läßt. Freude ist auf Transzendenz hin angelegt, auf das Transzendieren von aktuellen Beziehungen; Beziehungen verändern sich in der Freude. Auch alltägliches Denken wird in der Freude durch die Phantasie, diesen Raum der Freiheit, transzendiert.[16]

«Vor Freude aus der Haut fahren» scheint mir ein wesentlicher Ausdruck für eine weitere wichtige Wirkung der Freude zu sein. Wir kennen das Gefühl, daß man vor Freude aus der Haut fahren könnte. Das ist eine bildhafte Redewendung, die auf das Symbol der Häutung verweist, auf das Bild einer grundlegenden Wandlung, die uns zu einer neuen Haut verhelfen kann. Ich habe im letzten Kapitel die These aufgestellt, daß im Erleben von Freude und Glück große psychische Veränderungen vor sich gehen könnten. In der Psychotherapie nimmt man an, daß große Veränderungen möglich sind, wenn ein Mensch Depression und Angst aushalten kann. Das ist unzweifelhaft so. Ich meine aber, daß auch starke Glückserlebnisse uns verändern; «aus der Haut fahren» wäre ein Ausdruck dafür.

Ingeborg Bachmann schreibt dann weiter: «... man liest weiter und beißt sich in die Hand, um vor Freude nicht aufschreien zu müssen.» Ich habe bei der Übung eingangs dieses Kapitels die Frage gestellt, welchen Ausdruck jeder von uns seiner Freude gegeben haben

mag und welche Äußerungen allenfalls unterdrückt worden sind. Gerade bei der Freude ist es so, daß wir ihr ganz selten ungehemmten Lauf lassen, weil das als kindlich gilt. Solch eine kindliche Freude hat man nicht mehr zu haben, wenn man so alt ist, wie wir es alle sind! Also muß man sich kontrollieren und sich sogar in die Hand beißen, um nicht laut aufzuschreien.
Dann setzt sich das Roman-Ich aufs Fensterbrett, ans offene Fenster also, denn «es ist kaum auszuhalten». Es ist ein sehr wichtiges Bild. Wenn wir so richtig von Freude erfaßt sind, ist es schwer, allein zu sein oder zu bleiben. Man will sich nicht zurückziehen. Die Freude ist die Emotion, die uns offen werden läßt, uns öffnet; im Text wird das durch das Öffnen des Fensters ausgedrückt. Freude will auch Aktion – hier ist es das Konfettiwerfen, das uns an Fastnacht erinnert, wo wir auch versuchen, freudig zu sein. Aber in den Konfettis ist noch mehr enthalten: Wenn wir uns freuen, dann ist das Leben farbig, dann wird das Leben bunt und nicht etwa grau wie in den Emotionen der Bedrückung oder Depression. Der Ausdruck von Lebensfreude ist farbig. Das Roman-Ich öffnet sich, kann auch etwas geben, kann einfach etwas unter die Menschen werfen, kann ihnen Wörter, Sätze zurufen, sich mitteilen. Das Sich-Öffnen hat sehr viel zu tun mit etwas hergeben, weitergeben, mit überbordendem Reichtum, den man nicht für sich behalten muß. Die Folgen davon sind unübersehbar: Die Erdenschwere hört auf zu bedrücken, die Verbindung der Menschen untereinander wird freundlich. Das wird verdeutlicht an dem Krüppel, der plötzlich gegrüßt wird. Dieser muß sich auch nicht mehr großartig fühlen, weil er ein Krüppel ist, sondern er gehört jetzt dazu. Buchstäblich fast verschwinden

kann die Erdenschwere bei der Sängerin. Fünfzig Kilo in nur einem Augenblick zu verlieren, das ist nicht wenig. Die Sängerin wird vielleicht auch deshalb eingeführt, weil zur Freude als wichtiger Ausdruck das Singen gehört. Wenn wir freudig sind, sind wir eher bereit zu singen.

Ich habe einige Menschen gefragt, wie es für sie ist, wenn sie Freude spüren, und das Singen spielt dabei eine große Rolle. Einige Äußerungen: «Ich laufe dann einfach schneller», oder: «Ich nehme die Treppenstufen, drei oder vier, auf einmal, falle dann auch regelmäßig rauf oder runter dabei», oder: «Ich singe laut und falsch», oder: «Ich singe laut und schön», oder: «Ich pfeife, weil Singen zu sehr auffällt.»

Nehmen wir doch einmal wahr, was wir tun, wenn wir uns freuen! Zur Leichtigkeit der Freude gehört das Spielen mit den Tönen und damit mit dem Atem, der uns mit der Luft und dem Luftigen verbindet.

Im Text des Liedes: «Liebe Freunde, zärtliche Begleiter», das die Sängerin im Bachmann-Text anstimmt, wird angedeutet, daß es um verbundene, nicht unbedingt um explosive Liebe geht, um ein Miteinandersein. Freude und Liebe können sich ergänzen und stimulieren einander. Ein mittlerer Grad der Freude hat viel mit mitmenschlichem Zusammensein zu tun; plötzlich kommt menschliche Verbundenheit auf, und wir müssen einander nicht mehr abwerten. Wir sind auch nicht mehr paranoid, fürchten nicht mehr jeden und alles, haben es nicht länger nötig, die Menschen zu verleumden, die anders denken.

Nehmen wir die Freude in der Gesamtheit ihrer Wirkungen wahr, wie sie nicht nur von Ingeborg Bachmann, sondern von vielen Leuten erlebt wird, dann

können wir nur sagen: Freut Euch endlich, damit alle diese schönen menschlichen Möglichkeiten auch wirklich zum Tragen kommen! Nur, so einfach ist dies nicht.
Der interpersonelle, beziehungsmäßige Aspekt der Freude besagt, daß man sich öffnen, den anderen Menschen etwas geben will, so daß sich Solidarität fast wie von selbst ergibt – das Bedürfnis nach Freundschaft, das Bedürfnis, miteinander zu teilen.
Nun erleben wir uns ja in unserem Identitätsgefühl auch als freudige Wesen. Es ist aber kaum ein sehr bewußtes Gefühl. Deshalb ist es auch typisch, daß sich Ingeborg Bachmanns Roman-Ich in seiner Freudenphantasie gar nicht so richtig beschreibt, sondern nur das, was es inszeniert. Wenn wir uns freuen, ist das ein Zustand, in dem wir uns wahrscheinlich am wenigsten auf uns selbst besinnen, wenn wir uns freuen, sind wir wir selbst, ohne daß wir darüber nachdenken, ohne daß wir damit eine Leistung erbringen müßten. Im Text ist sehr deutlich dieses gute Selbstgefühl zu fassen, das sich auch darin ausdrückt, daß sich das Roman-Ich auf das Fensterbrett setzt, auch, daß es jetzt schwindelfrei ist. Dazu muß man bedenken, daß in einem späteren Roman Ingeborg Bachmanns, in «Der Fall Franza», die Hauptfigur Franza furchtbar unter Höhenschwindel leidet. Somit sagt Ingeborg Bachmann auch aus, daß sie bzw. ihr Roman-Ich für einen Moment gesund ist, wenn sie sich freut.
Das Selbstgefühl, das wir erleben, wenn wir uns freuen, ist das Gefühl eines selbstverständlichen Selbstvertrauens. Das ist wohl das beste Selbstgefühl, das man haben kann, ausgelöst dadurch, daß wir uns in diesem Augenblick der Freude akzeptieren können,

die Welt außen, die Welt innen, uns selbst. Es ist eine Situation der Akzeptanz, die gleichzeitig auf Werden hin angelegt ist. Zu diesem selbstverständlichen Selbstvertrauen gehört, daß man sich bedeutsam fühlt, ohne daß man besonders bedeutsam sein muß. Es ist in diesem Freudengefühl eben auch selbstverständlich, daß man eine Bedeutung hat. Dieses selbstverständliche Selbstvertrauen und das Gefühl der Bedeutsamkeit, ohne daß man Bedeutung haben muß, führt dazu, daß man offen ist, daß man sich öffnet. Auch das ist ein Aspekt der Ichüberschreitung, der Transzendenz: Wir müssen unsere Ichgrenzen in diesem Zustand nicht mehr stur behaupten, sondern können uns öffnen. In der Freude sind wir nicht mißtrauisch, sondern in der Freude sind wir naiv, arglos. Wir erwarten nicht «das Böse» und verschließen uns deshalb nicht schon vorsorglich; wir erwarten Angenehmes und öffnen uns erwartungsvoll dafür. Wenn sich dann etwas «Böses» ereignet, dann fühlen wir uns allerdings um so mehr verletzt, da wir uns so ungeschützt gegeben haben. Viele Menschen schützen sich, indem sie ihre Freude gar nicht mehr zulassen, damit sie nicht so leicht verletzt werden. Das ist ein teurer Schutz. Aus einem selbstverständlichen Selbstvertrauen jedoch, aus der Bedeutsamkeit, auf der man nicht beharren muß, aus der Offenheit und aus der damit möglichen Öffnung zur Welt und zu den anderen Menschen hin resultiert ein Selbstgefühl von Vitalität und auch einer gewissen Überlegenheit. Man fühlt sich in der Freude dem Leben gewachsen, kompetent auch im Umgang mit den Schwierigkeiten. Das Erleben von Freude kann uns ein ausgesprochen ausgeglichenes Selbstgefühl geben, das wir sonst oft nur mit sehr viel Kompensation oder mit Größenideen erreichen. Dieses gute Selbstwertgefühl in der Freude nimmt man als «normalen» Zustand an, d. h. man nimmt es häufig einfach gar nicht wahr. Das Gefühl des Einsseins mit sich selbst und das Gefühl des Ganzseins, das so sehr von uns Menschen gesucht wird, ist im Moment der Freude vorhanden. Das gibt uns auch ein Gefühl von Vitalität, vielleicht sogar von Freiheit. Alle Bewegungen, die mit der Freude verbunden sind, sogar mit einer stillen Freude, sind Bewegungen in die Höhe, Bewegungen der Leichtigkeit; wir fühlen uns leichter, als wir normalerweise sind, und können mit etwas leichterer Hand auch an die Dinge herangehen.

Diese Freude kann nicht aufbewahrt, nicht aufgespart werden. Man kann nicht sagen: «Ich freue mich jetzt, das behalte ich ein paar Tage.» Wenn wir so denken, dann ist die Freude uns bereits entglitten. Durch die Imaginationsfähigkeit, zunächst durch die Fähigkeit des Erinnerns, haben wir eine Möglichkeit, uns die Situationen der Freude zurückzuholen. Wir brauchen nicht immer neue Freuden. Oft werden die erlebten Freuden in der Erinnerung noch wesentlich freudiger, als sie tatsächlich waren. Um an Freude denken zu können, müssen wir die Freude in der Erinnerung nochmals aufleben lassen. Dadurch können wir sie noch nachträglich voll auskosten.

Was Freude auslöst

Freude ist oft ein Nebenprodukt unserer Bemühungen und Aktivitäten und tritt dann auf, wenn wir sie gar nicht unbedingt erwarten. Freude stellt sich meistens

dann ein, wenn wir völlig aufgehen können in einer Aktivität. Damit wir in einer Aktivität aufgehen können, muß diese Tätigkeit uns herausfordern, so daß wir die eigenen Fähigkeiten ausschöpfen können. Das Ganzheitsgefühl, das wir dabei erreichen, wird von Csikszentmihalyi[17] Flow-Zustand genannt. Dieser zeichnet sich dadurch aus, daß Handlung auf Handlung folgt, ohne daß der Handelnde dabei bewußt eingreifen müßte. Dabei ist kaum eine Trennung zwischen ihm und der Umwelt, zwischen Vergangenheit, Gegenwart, Zukunft zu spüren. Um dieses Ganzheitsgefühl zu erreichen, das ein zentrales Gefühl im kreativen Prozeß ist, überlassen sich die Menschen, wie der Autor herausgefunden hat, Tätigkeiten oder Aktivitäten (z. B. dem Tanzen, dem Klettern), die keine direkte äußere Belohnung bringen. Dieses Lebensgefühl selbst ist Belohnung genug. Aus Interviews schließt Csikszentmihalyi, daß Menschen, die etwas mit Freude tun, in einen Flow-Zustand geraten[18].
Man könnte ergänzend auch von der anderen Seite her argumentieren: Immer wenn wir in unserem Tun vollkommen aufgehen, dann erfüllt uns das mit Freude. Dabei kann es sich um Arbeit oder um Spiel handeln. Es geht um Selbstvergessenheit in großer Selbstgewißheit. Daß wir in einem Tun, einer Aktivität, einem Anblick aufgehen können, scheint eine grundlegende Voraussetzung für alle Situationen zu sein, die Freude auslösen, auch wenn sie von Mensch zu Mensch verschieden sind. Freude an der eigenen Kompetenz, an der eigenen Geschicklichkeit steht in Zusammenhang mit diesem Aufgehen in der Arbeit und in Spiel, steht aber auch in Zusammenhang mit der Freude am Erproben der eigenen Grenzen.

Ein wichtiger Bereich, der große Freude auslöst, ist das Erfinden oder das Herausfinden von etwas. Der ganze Bereich der Kreativität ist hier angesprochen.
Ein anderer Bereich, der viel Freude bewirken kann, ist der Bereich der Beziehung, der körperlichen Liebe, der Zärtlichkeit, des geselligen Beisammenseins. Auch das sind Aktivitäten, bei denen die Ichgrenzen gelockert werden, es sind Situationen des Verschmelzens und der mitmenschlichen Wärme.
In diesem Zusammenhang wird die Freude am Gebenkönnen oft erwähnt oder die Freude daran, anderen Menschen eine Freude zu machen. Überhaupt scheint die Freude anderer Menschen an uns unsere Freude an uns selbst sehr zu stimulieren. Freude am Gebenkönnen ganz allgemein, aber auch Freude am Empfangen von etwas Unverhofftem, sind in Beziehungen freudenauslösend. Die Freude am Gebenkönnen, wobei Geben und Öffnen der Ichgrenzen zusammenwirken, kann allerdings auch dazu führen, daß wir in der Freude mehr geben, als wir geben wollen, mehr preisgeben auch, als wir wollen.
Besondere Freude entsteht in Beziehungen, wenn in den Beziehungen und durch die Beziehungen etwas wächst: Ideen, sichtbare Veränderungen im Beziehungsverhalten usw. Damit wird deutlich, daß Freude nicht nur Ausdruck der Stimmigkeit von Person, Umwelt, Mitwelt und Innenwelt ist, sondern daß dazu das Moment des «Mehrens» kommt, des Mehr-Werdens.
Ein anderer großer auslösender Bereich für Freude ist der der sinnlichen Genüsse: Essen, Trinken, Sexualität, aber auch das Wahrnehmen der Natur, das Wahrnehmen der Kunst, das Anschauen von Dingen und Menschen, die uns als schön erscheinen.

Wesentlich scheint mir zu sein, daß wir nicht nur die großen Freuden als Freude wahrnehmen, sondern daß uns bewußt wird, wie viele kleine Freuden wir immer wieder erleben, die vielleicht belanglos wirken und doch nicht belanglos sind: etwa die Freude an dem wunderbaren Duft des Basilikumkrautes – bewußt wahrgenommen. Während wir uns freuen, reflektieren wir nicht über uns – wir freuen uns. Es ist aber wichtig, daß wir uns zunehmend mehr bewußt werden darüber, daß wir uns jetzt gerade für einen Moment gefreut haben.
Csikszentmihalyi hat untersucht, wie der Entzug von kleinen Flow-Erlebnissen im Alltag wirkt, und hat festgestellt:

«Wer alles nichtinstrumentelle Verhalten einstellt, fühlt sich müde, schläfrig, weniger gesund und angespannt [. . .] Man beurteilt sich selber unter solchen Bedingungen schlechter und fühlt sich vor allem weniger kreativ und vernünftig.»[19]

Für unsere psychische Ausgeglichenheit scheinen gerade auch die kleinen Freuden, die zweckfreien Tätigkeiten, unsere Nischen des Glücks, die wir uns zu schaffen wissen, wesentlich zu sein.

Die Rekonstruktion der «Freudenbiographie»

Wenn wir von unserer Biographie sprechen, dann werden vergangene Ereignisse – die Ereignisse «von damals» –, damit verbundene Gefühle, Hoffnungen, Wünsche, aber auch Beziehungsverhalten wiederbelebt. Vergangenheit wird in der Gegenwart so lebendig, daß wir oft auch von ihr eingeholt werden: Sie kann erneut emotionell erlebt werden.

In diesem Zusammenhang bedeutet Erinnern, sich mit der Vergangenheit zu identifizieren – wir sind ganz eins mit der Person, die wir damals waren –, zugleich aber auch, sich von der Vergangenheit zu distanzieren – wir sind auch anders geworden, können mit Distanz zurücksehen. Sich zu identifizieren und sich auch zu distanzieren, das sind die wesentlichen Bewegungen des Bewußtwerdungsprozesses[20].

Normalerweise haben wir im Alter von dreißig oder vierzig Jahren unsere Biographie schon unendlich oft erzählt. Oft haben wir sogar eine «Biographie zum Erzählen» geschaffen, die mit dem wirklichen Lebenslauf mehr oder weniger Ähnlichkeit hat, je nachdem wie sehr oder wie wenig spielerisch und phantasievoll wir sind oder welche Bedürfnisse des Vorzeigens, des Sich-Zeigens wir haben. So sagt Max Frisch: «Jeder Mensch erfindet sich früher oder später eine Geschichte, die er für sein Leben hält . . .»[21]

Wenn wir nun unter einer bestimmten Perspektive, einer bestimmten Fragestellung, die eigene Biographie wieder ansehen, können ganz andere Aspekte zum Vorschein kommen als bisher. Auch Lebenseinschnitte, die wir früher gar nicht wahrgenommen haben oder Übergänge, die uns immer als ganz normal erscheinen, können dadurch heller ins Licht treten. Wenn wir nun versuchen, eine Freudenbiographie zu rekonstruieren, nehmen wir uns aus den gewohnten Biographiegeleisen heraus, auch aus den gewohnten Begrifflichkeiten. So finden wir nochmals eine neue Geschichte von uns, vielleicht erfinden wir sie auch.

Normalerweise erzählen wir unsere Anamnese unter

dem Aspekt von Schwierigkeiten: Wir erzählen, wie die Schwierigkeiten, die wir heute haben, geworden sind. Die Freudenbiographie dagegen richtet ihren Blick auf eine ganz andere Fragestellung: Wie habe ich Freude erlebt in meinem Leben? Wie habe ich sie abgewehrt? Wie wurde sie mir verwehrt? Und: Was ist aus der Freude im Laufe des Lebens geworden? Ist sie weniger geworden? Ist sie mehr geworden? In der Regel werden ganz andere Aspekte der Persönlichkeit beleuchtet als bei einer normalen Anamneseerhebung, dennoch werden durchaus auch wichtige Veränderungen sichtbar, ja in ihrer emotionalen Bedeutung sogar greifbarer, als wenn wir eine übliche Anamnese vor uns haben.

Der Sinn einer solchen Rekonstruktion der «Freudenbiographie» liegt nicht nur darin, herauszufinden, was aus unserer Freude im Laufe des Lebens geworden ist, sondern auch darin, daß wir uns immer wieder mit Freudensituationen der Vergangenheit identifizieren: uns beispielsweise mit uns selber als freudigem Kind identifizieren oder eben – wenn wir die Freuden, die es in unserem Leben gab, gesammelt haben – mit uns selbst in unserer ganzen Entwicklung als freude-fähige Menschen.

Die Mittel für die Rekonstruktion einer solchen «Freudenbiographie» sind einmal die Erinnerungen, die wir selbst haben. Dann sind es die Erinnerungen anderer, die wir erzählt bekommen. Denn vieles, das wir für unsere eigene Erinnerung halten, ist Erzählung vom anderen Menschen: von Eltern, Geschwistern, Schulkameraden, Freunden. Fotografien, Tagebücher, alte Spielsachen können Träger von Erinnerungen an erlebter Freude sein. Zeichnungen und Bilder freudiger

Momente oder auch Freudenträume können uns weitere Bereiche der Freude erschließen.
Freude und Erinnerung haben grundsätzlich viel miteinander zu tun, deshalb bietet es sich auch geradezu an, die Rekonstruktion der «Freudenbiographie» zu erstellen.
Es gibt einen Text im Tagebuch von Max Frisch:

«Glück als das lichterlohe Bewußtsein: Diesen Augenblick wirst du niemals vergessen. Der Anblick ist da, das Erlebnis noch nicht. Man gleicht einem Film, der belichtet wird; entwikkeln wird es die Erinnerung.»[22]

Mir scheint das ein ganz wichtiger Text im Zusammenhang auch mit Freude zu sein. Glück – als ein äußerster Pol der Freude – wird mit dem «lichterlohen Bewußtsein», daß dieser Moment unvergeßlich sein wird, in Verbindung gebracht. Hinterher wird uns eigentlich erst bewußt, was in diesem Moment wirklich geschehen ist, was so wichtig war, und in der Erinnerung an die Freude nehmen wir diese erst recht wahr, erleben sie, kosten sie aus; und in der Erinnerung gestalten wir sie dann auch weiter aus. Wir kennen wohl alle die Erfahrung, daß man mit einem Menschen zusammen etwas sehr Schönes erlebt hat und danach einen Brief schreibt, in dem alles, was so schön gewesen ist, nochmals beschrieben wird. Kommt dann ein ähnlich freudiger Brief zurück, dann wird die Freude noch einmal in der Erinnerung lebendig und auch als wirklich bestätigt. Man macht einander das Erlebnis bedeutsam und lieb und verstärkt einander die Freude. Dennoch spielt die Erinnerung beim Erleben der Freude nicht eine so große Rolle wie das Wahrnehmen der freudigen Situation selbst. Können wir die freudige Situation nicht wahrnehmen, ist auch nichts da für die Erinnerung.

Eine Übung, die bei dem Versuch, die «Freudenbiographie» zu rekonstruieren, helfen kann:
Versuchen Sie, sich eine Freudensituation vorzustellen. Es kann dabei hilfreich sein, sich mit einer imaginativen Technik in die Körperbewegungen des kleinen Kindes einzufühlen, das Sie waren. --
Erinnern Sie sich an Körperbewegungen, die Freude gemacht haben. --
Falls Ihnen nicht spontan weitere Erlebnisse aus dem späteren Leben einfallen, gehen Sie chronologisch vor und versetzen Sie sich in Freudensituationen, die Sie als Schulkind, dann mit 12, mit 14 usw. Jahren erlebten. --
Erinnern Sie eine Körperbewegung, die Sie als Kind besonders geliebt haben. Wie nehmen Sie dabei Freude wahr? --
Versetzen Sie sich in die Rolle des Kindes. Wie haben Sie Ihre Freude ausgedrückt? Waren Menschen da, denen Sie die Freude gezeigt haben? Oder waren keine Menschen da? Was haben Sie dann mit Ihrer Freude gemacht? --
Gibt es eine Beziehung zwischen dieser Freudenerfahrung und Ihrem heutigen Leben und zu Ihrer Art heute, Freude zu erleben, auszudrücken oder nicht auszudrücken?

Beispiel einer Freudenbiographie

Die gekürzte Rekonstruktion einer Freudenbiographie, die ich als Beispiel anführen möchte, stammt von einer 36jährigen Frau. Sie ist verheiratet, hat vier Kinder. Sie litt unter depressiven Verstimmungen mit ernsthaften suizidalen Impulsen und war deshalb verschiedentlich auch hospitalisiert.

Die Rekonstruktion ihrer Freudenbiographie wurde nach zwei Jahren Therapie aufgenommen, als sie sich wesentlich besser fühlte. Anlaß dazu war ihr Erstaunen, als sie von meiner Vorlesung über Freude hörte, und sie sagt nachdenklich, sie selbst sei wohl nie ein freudiger Mensch gewesen und werde wohl auch nie ein freudiger Mensch werden, auch komme sie aus einer freudlosen Familie, und ihre eigene Familie erscheine ihr auch wieder freudlos.

Ich frage sie danach, ob man ihr nicht doch etwas in puncto Freude erzählt habe, zum Beispiel über sie als Baby. «Man erzählte mir, ich sei ein ausgesprochen freudiges Kind gewesen, ich sei jeweils fast aus dem Stubenwagen gefallen vor Freude, wenn sich jemand dem Wagen näherte.» «Aber das tun alle Babys», wiegelt sie ab, «das ist nichts Besonderes, das haben meine Kinder auch getan in einem gewissen Alter.» Auf eine Rückfrage räumt sie dann doch ein, daß es Kinder gäbe, die ihre Freude mehr ausdrückten, andere weniger, daß sie also offenbar eines der Kinder gewesen war, die ihre Freude zunächst mit dem ganzen Körper ausdrücken können.

Sie erzählt dann, wie sie sich jeweils auch selber gefreut habe, wenn ihre Kinder sie freudig begrüßt hätten – auf ihre Freude hätten die Kinder dann mit noch

mehr Freude geantwortet. Sie spricht hier einen Freudenzirkel an: Drücken wir Freude über die Freude eines anderen Menschen aus, wird diese Freude in der Regel verstärkt, was wiederum auf den anderen Menschen zurückwirkt. Auch wird hier deutlich, daß bei Kindern immer dann Freude entsteht und verstärkt wird, wenn man sich an ihnen freut und die Freude auch zeigt.
Ich bitte sie, sich eine Bewegung vorzustellen, die ihr als Kind sehr gefallen hat.
Sie erinnert sich an Weihnachten, als sie etwa 4½jährig war. Sie erhielt als Geschenk ein Schaukelpferd. Das Schaukelpferd hatte eine ungeheuer große Mähne aus richtigem Pferdehaar. Sie klammerte sich fest an dieses Pferdehaar, schaute stolz in die Runde: «Ich bin die Größte. Ich auf diesem Pferd, mehr gibt es nicht mehr im Leben.» Sie fühlt noch im Nacherleben, wieviel Freude, wieviel Stolz auch mit dieser Situation verbunden war. Die Geschwister, die auch aufs Pferd wollten, habe sie mit großem, lustvollem Gekreisch vertrieben. Sie sei in dieser Situation mit sich und mit der Welt ganz einverstanden gewesen, die Welt sei total in Ordnung gewesen – dieses Ereignis war für sie wie eine Oase des Glücks. Sie wollte dann gar nicht mehr vom Pferd heruntersteigen, erinnert sich auch daran, daß sie auch noch gesungen habe. Diese Erinnerung bringt ihr zum Bewußtsein, daß sie als Kind überhaupt oft gesungen hat, wenn sie sich gefreut hat.
Sie erinnert sich weiter daran, daß sie, etwas älter wohl, gern der Großmutter geholfen hat. Großmutter lobte sie, dann wurde sie noch eifriger. Half noch mehr, war freudig erregt und stolz, liebkoste die Großmutter auch zwischendurch noch. Über das Helfen

und über das Schmusen hatte sich die Großmutter sehr gefreut, das Kind freute sich dabei jeweils noch mehr, wurde immer geschäftiger und vermeintlich hilfreicher vor lauter Freude.
Wie diese Situationen jeweils beendet wurden, weiß die Frau nicht zu erzählen. Ich frage nach dem Ende dieses Erlebnisses, weil solche Freudenzirkel bei Kindern nicht selten damit enden, daß ein Kind hinfällt usw. Sie erinnert sich nicht, sagt aber, sie kenne diese Situation ja auch aus ihrem Leben mit ihren eigenen Kindern. Von einem gewissen Augenblick an liebe sie diese Situation gar nicht mehr, die Kinder seien dann so überdreht. Was sie dann mit ihnen mache? Sie schicke sie das Zimmer aufräumen. Ihre Reaktion erstaunt sie jetzt beim Berichten, erschüttert sie.
Wie diese Freuden bei der Großmutter aufhörten, war nicht auszumachen. Hingegen wurde ihr sehr deutlich erlebbar, daß sie lange im Leben immer wieder versucht hatte, mit Menschen in solche Freudenzirkel hineinzugeraten: «Wenn immer mir jemand eine Freude gemacht hat, dann habe ich versucht, ihm auch eine Freude zu machen, wenn möglich sogar noch eine größere. Das hat mir ein so gutes Selbstgefühl gegeben, daß ich dabei auch Freuden machte, die ich eigentlich gar nicht machen wollte.»
Hier wird eine Problematik bei der Verstärkung des Freudenzirkels sichtbar: Aus einem narzißtischen Bedürfnis heraus können Dinge versprochen werden, die den anderen Freude machen, die man selbst aber gar nicht versprechen wollte, und plötzlich ist man verstrickt in Verpflichtungen, die man gar nicht eingehen wollte – ein Grundthema bei Menschen, die depressiv strukturiert sind.

Eine weitere Freudenerinnerung geht etwa ins 8. Lebensjahr zurück: Die Analysandin ging nicht gerne in die Schule. Sie beschrieb sich als stilles Kind, das viel gespielt habe. Sie spielte «Familie» mit ihren Puppen. Beim Spielen habe sie eine ruhige Freude erlebt, eine hingebungsvolle Freude. In der Schule schon habe sie sich überlegt, was sie dann zu Hause wieder spielen wolle. Ein Mitglied ihrer Puppenfamilie mußte zum Beispiel immer eine Außenbeziehung haben, weil ihr Vater eine Außenbeziehung hatte.
In der Schule habe sie gern gesungen, das habe sie auch gut gekonnt. Sie habe gern freudige Lieder gesungen, ja so richtig herausgeschrien. Das sei schön gewesen, dieses laute Singen, das auch ein wenig falsch war: «Da fühlte ich mich ganz lebendig» – und jetzt noch, in der Erinnerung, geht ein Leuchten über ihr Gesicht.
Dann wurde das Leben freudloser: «In der Schule mußte man aufpassen, wir hatten einen anderen Lehrer, bei dem man schön singen mußte, schön und lokker.» Auf die Frage, wie es zum Lehrerwechsel gekommen sei, erzählt sie, sie sei in eine mehr städtische Gegend umgezogen, der Vater habe eine neue Arbeit bekommen. Sie habe den neuen Lehrer bekommen, bei dem man schön singen mußte, und die Großmutter war auch nicht mehr in der Nähe. Die Mutter wurde dann bald depressiv und war mehr als ein halbes Jahr in der Klinik, ihre älteste Schwester führte verbissen den Haushalt. «Da gab es dann gar nichts mehr zu lachen.»
Als wir zu Beginn unserer Behandlung die Anamnese aufgenommen hatten, da hieß es im gleichen Zusammenhang noch so: «Wir sind dann in eine interessantere Wohngegend umgezogen, ich hatte neue Kameradinnen, meine Mutter wurde bald krank.»

Die Freudenbiographie zeigt die emotionale Situation des Mädchens sehr viel deutlicher als die Anamnese. Das Verschwinden der Freude in der Biographie ist mit Streßsituationen verbunden: der Umzug, der Verlust der Großmutter, der Verlust eines Lebensgefühls, das sich in lautem Singen ausgedrückt hat, der Verlust der Mutter für eine gewisse Zeit – eine Menge Stressoren war da zusammengekommen; sie hätte eigentlich Grund gehabt, krank zu werden; das wurde sie aber nicht – sie wurde «nur» freudlos.
Es zeigte sich dann, daß in der Folge noch mehr kleine, stille Freuden von ihr erinnert wurden. Mit 16 Jahren hatte sie erstmals einen Freund; da erlebte sie aber gedämpfte Freude, weil sie es niemandem erzählen durfte und weil sie auch Schuldgefühle hatte: Alle waren dagegen, daß sie schon einen Freund hatte, da doch ihre älteste Schwester noch keinen hatte.
Oft liegen zwei verschiedene Emotionen miteinander im Streit, zum Beispiel Angst und Freude; andererseits können auch zwei, drei Emotionen einander verstärken, zum Beispiel Interesse, Freude, Hoffnung. Das 16jährige Mädchen hatte wohl eine etwas ängstliche Freude über diese erste Freundschaft gehabt. Gerade bei dieser ängstlichen Freude wäre es wünschenswert gewesen, daß sie über ihre Freude hätte sprechen können, sich darüber hätte freuen können mit anderen zusammen. Dann hätte die Angst verschwinden können.

Wirkungen der Rekonstruktion der «Freudenbiographie»

Die Freudenbiographie bringt den Menschen in Kontakt mit sich selbst, und zwar mit dem Menschen, der auch freudig ist, der auch zur Freude fähig ist. In der Erinnerung wird die Freude wiederbelebt, und damit werden Situationen erneut lebendig, in denen wir mit uns und mit der Welt einverstanden waren, in denen wir bereit waren, uns zu öffnen, mit anderen zu teilen, in denen wir erlebt haben, daß Leben uns auch etwas geben kann, das über das Erwartete hinausgeht. In der Freude fühlen wir uns ganz, im Modus des Verbundenseins mit anderen Menschen, in einem Welterleben, das uns das Leben auch in seiner unerwarteten Fülle zeigt.

Dieser Analysandin eröffnete die Freudenbiographie einen neuen Zugang zu sich selbst, sie spürte sich mehr in ihren vitalen Seiten und sprach von einer neuen Geborgenheit in der Umgebung, für die sie jetzt Gefühle und Bilder habe. Sie konnte diese Freudenerinnerungen als Oasen des Selbstseins verstehen. Ihr wurde deutlich, daß sie nicht nur ein Opfer der Umstände und des Lebens gewesen war, sondern daß es immer auch gute Erfahrungen gab. Darüber hinaus war es wichtig, daß ihr bewußt wurde, wie man ihr die Freude verdorben hatte – und wie sie, im gleichen Stil, auch selber anderen die Freude verdarb oder zu verderben suchte.

Da man Emotionen nur lebenslauforientiert studieren kann, ist es eine hilfreiche Methode, Freudenbiographien von verschiedenen Menschen in unterschiedlichen Lebenslagen zu vergleichen, um herauszufinden, was denn grundsätzlich die Freude ausmacht, wie sie weitergegeben und wie sie gehemmt wird.

Bei der Rekonstruktion der Freudenbiographie lernen wir etwas über unseren Ausdruck von Freude und darüber, wie die Art des Sich-Freuens sich im Laufe unseres Lebens verändert hat. Wir können uns dabei bewußt werden über das Verhalten, das wir an den Tag legten, um uns möglichst viel Freude zu sichern. Wenn wir unsere rekonstruierte Freudenbiographie dann ansehen, können wir spüren, was wir heute jeweils tun – und auf welche Weise –, um Freude zu optimieren: Wir verändern etwa unser Beziehungsverhalten so, daß mehr Freude ausgelöst wird, oder wir unternehmen gewisse Anstrengungen, weil diese Freude in uns auslösen, allenfalls sogar einen Zirkel des Sich-Freuens in Bewegung setzen. Wir finden selbstverständlich auch heraus, was die auslösenden Situationen für unsere besonderen Freuden waren und sind. Die sehr speziellen Auslöser für unsere Freude zu kennen, verweist uns auf die Möglichkeiten, wie wir uns in freudigere Stimmungen versetzen können. Weiß man beispielsweise von sich, daß man ziemlich bald aufgeht im Fotografieren, nimmt man nur eine Kamera in die Hand, dann kann man auch einmal die Kamera zur Hand nehmen, wenn das Leben gerade ziemlich öde erscheint. Es dauert dann ein bißchen länger, bis man sich ins Fotografieren verliert, aber man kann darauf vertrauen, daß dieses Fotografieren eine Aktivität ist, die einen freudiger stimmt als zuvor.

Wir können uns auch bewußt darüber werden, wie wir uns auch Freude jeweils erhalten können, und uns fragen, ob wir das auch wollen. Denken wir zum Beispiel an die Rekonstruktion der Freudenbiographie jener depressiven Frau zurück, die versucht, einem jeden Menschen Freude zu machen, damit sie sich dann selber auch wieder freuen kann – das ist ein ziemlich anstrengender Modus. Sinnvoller wäre es, dies nur bei den Menschen zu probieren, die auch wirklich Freude ausdrücken können, wenn ihnen eine Freude gemacht wird, die damit auch etwas zurückgeben. Solche Muster, mit denen wir Freude zu erhalten suchen, sind oft unbewußte Lebensmuster, die hinterfragt werden müssen.

Sodann finden wir bei der Rekonstruktion der Freudenbiographie heraus, auf welche Weise wir unsere Freude kontrollieren. Es gehört in unserer Zivilisation zum Erwachsenwerden, daß wir die Emotionen nicht einfach ungehindert und unzensuriert in die Beziehung einbringen. Die Frage ist: Wie wurde die Emotionskontrolle in unserem Leben erreicht? Ist sie nicht zu stark? Ist sie nicht so, daß wir unsere Freude zu sehr dämpfen, weil wir ein Ideal der Emotionslosigkeit haben? Wer war das Vorbild dafür?

Wir stellen auch fest, daß es widerstreitende Emotionen gibt, die von selbst die Freude dämpfen, ohne daß wir etwas dazu tun müssen. Angst ist eine solche Emotion, Angst und Freude können miteinander streiten. Es ist nicht gesagt, daß die Angst in jedem Fall gewinnen muß. Schuldgefühle und Freude können miteinander streiten. Wenn wir die Freude nicht mit einem anderen Menschen teilen können – sei es, daß wir selber schon nicht mehr so offen sind, daß wir Freude auszudrücken wagen, sei es, daß uns andere Menschen abblocken –, so dämpft das unsere Freude. Das geschieht auch dann, wenn unsere Freude von außen entwertet wird.

Auch daß Sorgen und Schmerzen einen Einfluß auf die Fähigkeit zur Freude haben, lernt man aus den Freudenbiographien. Eigentümlicherweise aber erfährt man anderes, als man zuerst erwarten würde. Man könnte nämlich vermuten, daß viele Schmerzen und

Sorgen es nicht zuließen, daß die Freude erlebbar wäre, aber es ist eher umgekehrt, gerade von Menschen, die unter vielen Schmerzen zu leiden haben, hört man immer wieder, daß sie sich in den Momenten, in denen der Schmerz nachläßt, also Leben auch besser wird, sich intensiver freuen können. Viele können sich sogar trotz der Schmerzen an etwas freuen. Wenn das Leben sehr bedroht ist, ist die Freude nicht einfach verschwunden, sondern einzelne Freudensituationen können dann ganz besonders deutlich wahrgenommen werden. Sie vergehen aber auch wieder, und die Schmerzen nehmen dann wieder überhand. Es ist nicht so, daß unsere Sorgen die Freude einfach zudeckten. Denken wir etwa an Kriegssituationen, so haben wir manchmal den Eindruck, als ob gerade angesichts all der Sorgen und Grausamkeiten auch eine Meisterschaft entwickelt wurde, den Augenblick zu genießen und sich darüber auch zu freuen. Sich freuen zu können, hat sehr viel mit dem Genießen des Augenblicks zu tun, mit einer Haltung, die nicht ständig danach fragt, wie es morgen wohl weitergeht, oder sich gar selber davon überzeugt, daß alles sowieso nur schlechter werden könne.

Eduard Mörike hat in seinem Gedicht «Verborgenheit» in der dritten Strophe die Erfahrung von Schmerz und Freude meisterlich formuliert:

«Oft bin ich mir kaum bewußt
und die helle Freude zücket
durch die Schwere, so mich drücket,
wonniglich durch meine Brust.»[23]

Der folgende Text zum Thema Freude in bedrängter Lebenssituation stammt von Anaïs Nin, und ist dem Buch «Sanftmut des Zorns. Was es heißt, Frau zu sein» entnommen.

«Nun habe ich eine Geschichte, die ich erzählen möchte [...] Im Jahre 1970 hatte ich Krebs im Anfangsstadium und erhielt zwei Wochen lang Bestrahlungen im Presbyterian Hospital in New York, täglich sechs Minuten. Da befand ich mich nun in diesem schmutzig-gelben Raum mit einer riesigen und abscheulichen Maschine in der Mitte. Es war furchterregend wie in einem Science-fiction-Roman. Man liegt auf dem Bett, und auf dem Körper wird eine kleine Zeichnung gemacht, wo die Strahlung hinzielen soll. Am allerschlimmsten ist, daß die Maschine ein schreckliches Geräusch macht. Wie konnte ich das bewältigen? Es war nicht leicht, aber ich beschloß, daß diese Maschine ein Projektor sei und daß ich nun für sechs Minuten einen Film über die schönsten, glücklichsten und freudigsten Tage meines Lebens sehen würde. Sobald die Maschine angestellt wurde, schloß ich die Augen, und der Film begann, ein Bild nach dem andern von jenem Ort, an dem ich glücklich gewesen war, von jeder Begebenheit, einer nach der anderen. Zumeist war es das Meer und der Strand und Tahiti und Südfrankreich und Mexiko. Die Landschaft wechselte nicht so sehr, aber die Szenen taten es, und ich wählte sie immer aus. Nach sechs Minuten, wenn das Geräusch verstummte, war der Film zu Ende, und ich ging nach Hause. Meine einzige Sorge war, daß ich nicht genug Filmmaterial haben könnte, aber die automatische Folge der Bilder wurde so wirklichkeitsnah, daß ich mich einmal sah, wie ich eine Straße in Südfrankreich entlangfuhr und in meiner Erinnerung Durrell besuchen wollte, mich aber plötzlich besann und mir sagte: ‹Ich mag nicht diese Straße fahren, weil der Besuch nicht sehr glücklich verlief. Ich werde die andere Straße nehmen.› So ging es weiter; ich hatte genug Filmstoff für die täglichen sechs Minuten zwei Wochen lang, und ich wurde völlig geheilt. Heute bin ich vollkommen überzeugt davon, daß ich psychologisch sehr zur Heilung beigetragen habe [...] Es ist meine Überzeugung, daß es keine Situation und keinen Anlaß gibt, wo die psychische Lebenskraft, die Liebe und Freude zum Leben, uns nicht irgendwie verändern und ein Erlebnis so umformen kann, daß wir gern daran zurückdenken.»[24]

Ich finde, das ist ein sehr bemerkenswerter Text, eine Veranschaulichung dafür, daß es auch in bedrohlichen Situationen möglich ist, die glücklichen Situationen des Lebens heraufzubeschwören, und daß dies eine Wirkung auf unsere Psyche hat. Die Rekonstruktion der Freudenbiographie macht es also möglich, daß wir uns wieder freuen. Anaïs Nin ist überzeugt, daß die Freude einen direkten Einfluß auf unsere Widerstandskraft hat. Es scheint wirklich so zu sein, daß wir bereiter sind zu leben, wenn wir uns wieder freuen können, und das hieße auch, daß wir dem Zerstörerischen mehr Widerstand entgegensetzen.

Die Freuden einer freudlosen Kindheit

Bei einer als sehr schwierig empfundenen Kindheit wird der Zugang zur Biographie der Freude über jene Freuden gefunden, die im Leben des erwachsenen Menschen erfahren wurden. Nicht selten werden, einmal eingestiegen ins Thema, dann doch auch die Freuden in einer «freudlosen» Kindheit entdeckt. So verhält es sich in dem folgenden Beispiel aus einer rekonstruierten «Freudenbiographie».

Eine 50jährige Frau sagt von sich selbst: «Ich kann mich heute viel ungetrübter freuen als als Kind. Ich

kann mich heute kindlicher freuen.» Sie erwähnt Feste, gute Arbeit, eine Bergtour usw., dann fährt sie fort: «Als kleines Kind, da erinnere ich mich, wie ich mit Sonntagsschuhen und Sonntagskleidern in einer Wasserpfütze gespielt habe, die war ziemlich voll. Es hat gespritzt, es war toll. Ich hatte das Gefühl, es sei alles voll Leben. Ich habe gekreischt und war ganz naß. Dann ist meine ältere Schwester gekommen, dann meine Mutter. Die haben gescholten. Da hatte ich Schuldgefühle und das Gefühl, daß es nicht recht ist, wenn ich mich freue. Heute verstehe ich natürlich meine Mutter sehr gut. Als Kind war bei mir Freude immer mit Schuldgefühlen oder Angst verbunden. Heute freue ich mich, wann ich will. Wenn ich in die Wasserpfütze gehe, dann wasche ich meine Kleider selber.»
Die Erlaubnis zur Freude war bei dieser Frau in der Kindheit nicht gegeben. Heute gibt sie die Erlaubnis sich selbst, auch wenn Situationen entstehen, die Arbeit verursachen. Freudige Feste zum Beispiel geben nachher immer etwas zum Aufräumen. Freude ist eine Emotion mit Folgen, im psychischen und im physischen Bereich.
Nicht nur in der Kleinkindzeit und in der Kinderzeit gibt es also diese ungehemmten, ungestörten Freuden. Sie können durchaus auch später vorkommen, werden aber dennoch meistens mit dem Ausdruck «kindliche Freude» bezeichnet.

Die Vorfreude

In vielen Freudenbiographien spielt Vorfreude eine sehr wichtige Rolle. Wir unterscheiden die Vorfreude von der aktuellen, augenblicklichen Freude und von der Freudenerinnerung. In der Freudenerinnerung malen wir uns den Augenblick aus, der in uns das «lichterlohe Bewußtsein» bewirkt, daß wir diesen Augenblick nie vergessen werden[25].

Im Erinnern der Freude kann ein Umgestalten der Geschichte stattfinden: Man kann sich so erinnern, daß Härten und Kanten abgeschliffen werden und am Schluß wirklich eine Geschichte dasteht, an der man sich so richtig freuen kann. Das Ereignis war eventuell nur halb so freudvoll wie die spätere Erinnerung. Wenn uns ältere Menschen plötzlich in leuchtenden Farben und mit glühenden Augen etwas aus ihrer Kindheit erzählen, so denken wir leicht, die Zeit habe hier wohl einiges verklärt. Man kann sich aber auch in umgekehrter Weise erinnern: Es gibt Menschen, die die Tendenz haben, Härten und Kanten an einer ursprünglich freudeauslösenden Situation zu verschärfen, so daß am Schluß in der Erinnerung kaum mehr Freude da ist. Damit kann man jede Freude töten, sogar noch rückwirkend.

Die Vorfreude ist eine ganz besondere Freude. Sie hat etwas zu tun mit Erwartung und Hoffnung, mehr noch mit Erwartung. Wir freuen uns auf etwas Schönes in der Zukunft, das hoffentlich eintreffen wird. Erwartung ist ein gerichtetes, intentionales Gefühl. Wenn das Erwartete nicht eintrifft, sind wir enttäuscht. Hoffnung ist als bloße Erwartung ein viel breiter angelegtes Gefühl des Getragenwerdens vom Leben.

Bei der Rekonstruktion der Freudenbiographie eines 81jährigen Mannes habe ich nach der Vorfreude gefragt, die er jetzt gerade spüre. Ich habe besonders auch alte Menschen nach der Freude gefragt, weil immer die Sage geht, daß alte Menschen sich weniger freuen würden als junge. Es war im Monat März. Der alte Mann hat sich dann so geäußert: «Vorfreude, ja, wenn ich mir vorstelle, daß es dann warm wird im Mai, dann kann ich in den Garten gehen, pflanzen, alles so in meinem Tempo, ein Pfeifchen rauchen dazwischen, ein Glas Most trinken. Darauf freue ich mich sehr.» Ich fragte ihn, wie sich diese Freude denn anfühle? Er antwortete: «Ja, ganz warm. Ich spüre schon jetzt ein bißchen die Sonne, und mein Herz wird warm.» Freude wird in der Regel mit Wärme assoziiert, Begeisterung dann eher mit Feuer, das wäre noch eine erregtere, gesteigertere Freude. Er sagt dann weiter: «Ich habe jetzt mehr Vorfreude als früher, ich habe überhaupt jetzt in meinem Alter mehr Zeit für die Freude.» Ich habe ihn nach den früheren Erlebnissen von Vorfreude in seinem Leben gefragt: Als sein Vater ihm den Hof übergeben habe, da habe er sich sehr gefreut. Als er einmal eine längere Reise nach Afrika gemacht habe, habe er sich auch gefreut. Bei der Erinnerung an die Hochzeit, da mußte er lange nachdenken: «Das weiß ich nicht so recht. Da war schon viel Freude, aber auch viel Angst.» Hier haben wir wieder die Verbindung von Vorfreude und Angst. Dann sagte er, er habe auch nie Vorfreude gehabt, wenn die Kühe trächtig gewesen seien oder die Schweine. Er habe sich erst gefreut, wenn die Jungen da gewesen seien. Vorfreude zu haben sei doch eigentlich sehr riskant, denn dann könne man enttäuscht werden.

Vorfreude lebt in der Zukunft, sie lebt auch von ihr. Die Vorfreude ist im Grunde genommen eine freie Imagination, ausgelöst von einem vorweggenommenen Anlaß. Sie ist ganz nahe bei der Sehnsucht, ganz nahe bei unseren Wünschen, ganz nah bei unserer Erwartung. Deshalb eben riskant. Aktuelle Freude oder Freudenerinnerung, das ist im Grunde genommen Vergangenheit, die wir wieder zur Gegenwart machen. Wir haben für unsere Imagination eine Grundlage: etwas, das wir wirklich erlebt haben. Auch in der Erinnerung an erlebte Freuden verändern wir, aber in der Vorwegnahme eines Ereignisses, von dem wir uns Freude versprechen, sind vergleichsweise viel mehr Freiheitsgrade enthalten als in jeder wieder hergeholten Erinnerung; da kann man sich sehr viel mehr ausmalen, wie man es gerne hätte. Deshalb kann die Vorfreude andererseits auch eine Quelle von größter Enttäuschung sein.

Ein *Beispiel*. – Das Risiko der Vorfreude spiegelt sich im Erleben einer 53jährigen Frau. Sie sagt: «Vorfreude habe ich am Abend vor einem Fest.» Sie zählt dann auf: «Ostern, Pfingsten, Geburtstage usw.» Es ist eine Familie, in der viele Feste gefeiert werden. «Ich bereite dann vor, ich koche, ich singe, und ich freue mich da ganz besonders. Da geht meine Phantasie mit mir durch. Ich stelle mir vor, daß sich mein Schwiegersohn endlich auch mit meinem Sohn verstehen könnte, daß sie sich nicht streiten, daß wir eine ganz wunderbare Stimmung haben und ein Zusammengehörigkeitsgefühl, daß wir ein Herz und eine Seele sind. Das tönt etwas kitschig, aber der Gedanke beschwingt mich einfach. Ich denke dann auch, daß mir meine jüngste Tochter aus diesem Glück heraus anbietet, daß ich sie bei ihrer nächsten Reise begleiten darf. Lauter so verrücktes Zeug phantasiere ich dann. Ich weiß, daß das Phantasie ist, aber solange ich so phantasiere, freue ich mich sehr, bin richtig glücklich, und deshalb mag ich eigentlich nur die Vorfreude an so einem Fest und den Vorabend eines Festes.» Ich frage sie, wie sie dann die Festtage erlebe. «Alles, was die dann bringen, ist nur ein schaler Abglanz von meiner Phantasie.»

Die phantasierte Symbiose – hier die Familie als ein Herz und eine Seele – ist sehr typisch für die Vorfreude. In der Freude werden wir eins mit Menschen, die uns umgeben, aber auch mit der Umwelt. Es ist typisch, daß diese Phantasien der Vorfreude am Tag des ersehnten Ereignisses enttäuscht werden können. Die Frau weiß zwar, daß sie phantasiert und daß die Realität anders ist, aber sie liebt dieses Weggetragenwerden von den symbiotischen Sehnsüchten. Sie ist dabei nur etwas ungerecht ihrer Familie gegenüber, denn wie sollen die anderen Mitglieder dieser Familie noch ein anständiges Fest zustandebringen angesichts dieser absoluten Vorfreude, angesichts dieser wunderbaren Phantasien der Mutter, an denen sie nicht beteiligt werden? Die Vorfreude ist oft eine egozentrische Freude, die in uns selbst sich abspielt und die Realität der Mitbeteiligten unter Umständen völlig außer acht läßt.

In der Vorfreude drückt sich unsere Sehnsucht aus. In unseren Sehnsüchten ist sehr oft das, was wir uns selber noch gar nicht bewußt eingestehen; sie tragen neue Impulse aus dem Unbewußten ins Bewußtsein hinein. Wenn wir uns ihnen überlassen und uns klar werden

darüber, daß sie Sehnsüchte verkörpern, dann wissen wir Bescheid über das, was wir uns wünschen. Die Sehnsüchte müssen in Beziehung gesetzt werden zu den Realitäten der Mitmenschen.
Wie könnte diese Frau mit ihrer Vorfreude umgehen? Es ist ja nicht sinnvoll, dieser Frau die Vorfreude nehmen zu wollen, weil diese sie an den Vorabenden von Festen wirklich sehr erfüllt, sehr beschwingt und freudig das Fest vorbereiten läßt. Auch von ihrem psychischen Haushalt her meine ich, daß dieses Erleben von Freude wichtig für sie ist. Sie soll die Vorfreude ruhig genießen, bis zum Geht-nicht-mehr an diesem Abend; doch sollte sie auch die Sehnsüchte erkennen, die sich in dieser Vorfreude zeigen. Auch müßte sie ihre Vorfreude und die Realität ihrer Familie einander gegenüberstellen. Da stünde auf der einen Seite das, was sie möchte, und auf der anderen Seite das, was zu erwarten ist. Es ist ja zu erwarten, daß, trotz ihrer Wünsche nach Harmonie, Schwiegersohn und Sohn auch dieses Mal rivalisieren werden. Es ist weiter zu erwarten, daß die 22jährige Tochter auf ihre Reise nach Nepal die 53jährige Mutter nicht mitnimmt. Wenn es der Frau gelänge, sich zu sagen, daß die Vorfreude wichtig für sie ist und ihr auch als solche etwas bringt, selbst wenn sie sich nicht erfüllt, daß sie aber niemals deckungsgleich vorwegnehmen kann, was eintreffen wird, dann ist das Risiko der Enttäuschung nicht mehr so groß.
Die Vorfreude ist sehr wichtig, die Sehnsucht, die in ihr zum Tragen kommt, zieht uns aus dem Alltag heraus. Diese Vorfreude kann von einer bedeutenden Erregung begleitet sein, die uns beschwingt, befeuert, ermutigt. Risikoreich ist Vorfreude dann, wenn uns nicht klar ist, daß wir in der Vorfreude eine Situation

mehr oder weniger ganz nach unseren Bedürfnissen und Wünschen vorwegnehmen, daß an der konkreten Situation jedoch alle Beteiligten miteinander mitgestalten werden. Die Vorfreude darf das Schicksal nicht zwingen wollen. Es gibt Autoren, zum Beispiel Izard, die im Zusammenhang mit dieser Vorfreude über «magische Freude» sprechen. Sie sagen dann auch, daß Menschen mit «magischer Freude» besonders oft den Neid der Götter fürchten. Als Neid der Götter wird hier die konkrete Realität der Mitmenschen als Mitspieler bei der Gestaltung der kommenden Situation bezeichnet.

Freudenhemmer

Es stellt sich die Frage, wie in unserer Erziehung unsere Freude gedämpft worden ist, aber auch, wie wir selber anderen Menschen die Freude dämpfen. Die beiden Bereiche hängen eng zusammen, da wir in der Regel unbewußt gelernt haben, wie Freude gedämpft werden kann.

Freude bezieht einen wesentlichen Teil ihres Wesens aus der Ansteckung: Wir freuen uns, wenn wir anderen Menschen Freude machen können. Deshalb dämpft es unsere Freude gewaltig, wenn wir sie Menschen gegenüber äußern, die selber wenig begabt zur Freude sind oder gerade in einer Situation stecken, in der sie wenig Anlaß zur Freude haben, vielleicht bedrückt sind, ohne Energie, von Problemen in Anspruch genommen.

Ein weiterer, wesentlicher Anlaß zur Dämpfung der Freude – dies trifft besonders für die Kinderzeit zu –

ist, daß der Wert oder Inhalt, der Freude ausgelöst hat, nicht geteilt werden kann oder nicht akzeptiert wird. Kinder können in ihren Phantasiespielen total hingegeben sein und sich darüber sehr freuen. Diese Freude möchten sie mit den Erwachsenen teilen. Können diese die Phantasiewelt nicht ernstnehmen, sie nicht wahrnehmen, oder haben sie gar Angst, ein unrealistisches Kind in die Welt gesetzt zu haben, werden sie diese Welt entwerten. Aus der Freude des Kindes wird dann leicht Scham. Das Kind fühlt sich in seinem Versuch, sich selbst in einem guten Lebensgefühl zu zeigen, ertappt und beschämt.
Freudetötend ist auch, wenn Erwachsene immer wieder das hingegebene Spiel der Kinder stören. Sie stören die Flow-Erlebnisse der Kinder. Ein solches Freudendämpfen hat damit zu tun, daß diese Erwachsenen ihre eigenen Kindaspekte verdrängt haben und sich deshalb auch schlecht in ein Kind einfühlen können.
Auch im Erwachsenenalter vermindern wir die Freude anderer Menschen, indem wir, können wir ihre Freude nicht teilen, diese Freude oder den sich freuenden Menschen entwerten. Das kann an einem gängigen Paarproblem illustriert werden: Ein Partner kommt angeregt, inspiriert, freudig von einer Veranstaltung nach Hause. Der andere saß derweil zu Hause, hat sich vielleicht gelangweilt, ist auf jeden Fall nicht so angeregt. Nun erzählt der inspirierte Partner, meist mit vielen Wiederholungen, wie toll es war ... Der Daheimgebliebene platzt, sagt etwas Entwertendes.
So erklärt zum Beispiel ein Mann in einer Therapiestunde, er habe an einem Tag an seinem Arbeitsplatz seine Arbeit vorzeitig sehr gut beendet. Er habe sich unheimlich darüber gefreut, habe einen Blumenstrauß

gekauft und sei nach Hause gegangen. Da habe er seiner Frau erzählt, wie toll und wie gut er gearbeitet habe, und sei zu seinem guten Selbstgefühl gestanden. Ihr Gesicht sei bei seiner Erzählung immer länger geworden, und irgendwann habe er gefragt: «Sag einmal, ist dir nicht recht, daß ich schon da bin?» Sie sagte darauf: «Ach, weißt du, du hast so wunderbare Erlebnisse. Ich schlage mich hier mit den Kindern herum. Kein Mensch sieht, was ich arbeite. Du kannst jetzt kommen und bist der King. Du strahlst und hast jetzt auch noch Energie zum Kaufen von Blumen übrig. Ich bin da, so klein und häßlich. Und jetzt vermiese ich dir auch noch den Abend.»

Dieses Beispiel schildert etwas, was häufig vorkommt: Der Neid, den anderen Menschen in einer so guten Stimmung zu sehen, verhindert, daß man sich selber von der Freude beeinflussen läßt. Hätte die Frau sich anstecken lassen können, aus dem Abend wäre bestimmt noch etwas geworden. Statt sich anstecken zu lassen, sagt sie indirekt: «Du hast etwas, und ich habe nichts. Ich bin ein armes Opfer.»

Einem freudigen Menschen kann man verhältnismäßig leicht Schuldgefühle machen. Es scheint bei vielen Menschen das Gebot verinnerlicht zu sein, daß wir einander nicht überragen sollten. Überragt man nun doch, und sei es auch nur durch die bessere Stimmung, dann stellt sich leicht ein Schuldgefühl ein, und die Schuldgefühle hemmen die Freude. Es ist schwer für uns, unsere Freude zu bewahren, wenn diese Freude von außen nicht geteilt oder gar entwertet oder in Schuldgefühle verkehrt wird.

Dieses Freudedämpfen hat jeweils damit zu tun, daß die Freudenwelt nicht miteinander geteilt werden kann. Das mag paardynamische Gründe haben, es kann aber auch damit zu tun haben, daß der Inspirierte nicht anzustecken vermag, weil er zum Beispiel zu wenig inhaltlich erzählt, sondern mehr im Sinne einer Machtdemonstration ein Mehr-Haben an Freude signalisiert. Die Erregung, die mit Freude und Inspiration einhergeht, sowie die Erfahrung, daß jede Freude in einem weniger gehobenen Gefühl endet, gibt vielen Menschen Anlaß, voreilig zu warnen: Wer so übermütig ist, wird büßen müssen. Hochmut kommt vor dem Fall usw. Es ist wohl weniger die reine Menschenliebe, die hier am Werk ist und warnt, sondern der Neid – wir sind neidisch, wenn andere Menschen diese Gefühle der Gehobenheit haben, wir aber nicht. Neid ist ein Freudentöter.

Sich mitfreuen zu können, das ist ein ganz wichtiges Thema. Denn die Freude an der Freude eines anderen Menschen ist eigentlich die Basis für ein Fest. Ein Fest ist die Ausdrucksgebärde von Freude in einem Kollektiv. Wenn man sich freut, dann macht man ein Fest: Man kann alles vorbereiten für ein Fest, aber daß es dann ein wirkliches Fest wird und daß man sich richtig freut, das ist nicht machbar. Grundlage für ein Fest ist, daß Menschen sich freuen können an der Freude der anderen. Das ist nicht immer so einfach. Sich freuen an der Freude eines anderen Menschen heißt akzeptieren, daß ein anderer Mensch eine Emotion hat, die man auch gern hätte. Normalerweise versuchen wir, die Freude des anderen Menschen zu unserer eigenen Freude zu machen. Da bekommt zum Beispiel jemand einen Preis verliehen. Eigentlich ist man ein bißchen neidisch. Man ist eingeladen zu einem Fest anläßlich der Preisverleihung. Dann sagt man sich etwa: «Ist

doch toll, daß es wenigstens einer oder eine von uns ist, der oder die diesen Preis bekommen hat.» So kann man mit seinem Neid umgehen, indem man sich ein Stück mit dem Preisträger identifiziert, solidarisiert – wenn man ein durchschnittlich neidischer Mensch ist –, und dann kann man sich freuen miteinander.
Sich miteinander zu freuen, obwohl man auch rivalisiert, ist möglich. Gerade der Neid kann es aber verhindern, daß man sich mit einem anderen Menschen freut. Da bleibt dann allenfalls die vordemonstrierte Freude, die künstlich auf Freude getrimmte Gesichtsmuskulatur. Diese Freude zündet aber nicht, denn man kann sich nur miteinander freuen, wenn die Emotion der Freude einigermaßen echt ist.
Freudige Menschen fühlen sich im allgemeinen nicht als Opfer anderer Menschen oder der Umstände, denn sie haben den Mut, Leben zu gestalten. Es gehört ganz wesentlich zu uns Menschen, daß wir unser Leben gestalten wollen. Je resignierter wir aber sind, um so mehr empfinden wir uns als Opfer, Opfer der Umstände. «Man kann nichts machen.» Wenn wir etwas freudiger werden könnten, dann wäre das zugleich eine Einstellung wider die Resignation, denn freudige Menschen eignen sich schlecht als Opfer. Diese Aussage muß allerdings relativiert werden: Es gibt eine «kollektive Überfreude», die bewirken kann, daß Menschen letztlich auch Kollektivopfer werden, zum Beispiel während den quasi-kultischen Veranstaltungen der NS-Zeit.
Viele von uns können viel besser mit Opfern umgehen als mit strahlenden, selbstbewußten Menschen. Sobald einer strahlt, geraten wir ihm oder ihr gegenüber in die Rolle der Nichtstrahlenden. Bei einem hinrei-

chend ausgeglichenen Selbstwertgefühl werden wir uns sagen: «Morgen werde auch ich wieder strahlen.» Stecken wir aber gerade in einer Lebensphase, in der wir meinen, alle anderen hätten Gründe, sich zu freuen, nur wir selbst nicht, dann ist es schwierig, den Neid zu überwinden. Neid ist sehr störend, nicht nur in Beziehungen. Aber wir müssen ihn wahrnehmen, um mit ihm umgehen zu können. Dieses Geltenlassen einer Emotion, vor sich selbst und auch vor den anderen Menschen, ist in diesem Zusammenhang sehr wichtig. Denn wer sich nicht mit anderen mitfreuen, sich nicht öffnen kann, dem wird die Freude ein Stück weit vergällt, sie wird geringer in seinem Leben.
Freude über Erfolg, Kompetenzen usw. wird auch gedämpft im Dienste eines falschen Ideals der Demut. Dabei wird gerade in der Erziehung mit widersprüchlichen Techniken gearbeitet. Das Kind soll selbständig, soll kompetent, gescheit usw. werden, aber es soll es nicht wissen oder zumindest nicht so tun, als wisse es darum. Demut heißt zu wissen, daß wir Menschen immer auch über uns hinaus sein können und daß wir in größere Lebenszusammenhänge eingebunden sind. Demut heißt, die Stellung des Menschen im umfassenden Rahmen der Schöpfung zu kennen, und keineswegs, jene Seiten an ihm und uns selbst zu entwerten, die uns ein gutes Selbstwertgefühl und Freude geben.
Die Dämpfung der Freude hat im allgemeinen einen engen Zusammenhang mit der Scham. Wird uns die Freude gedämpft oder gar verunmöglicht, reagieren wir in der Regel mit Scham. Statt daß unser Selbstwert besser würde, fühlen wir uns vernichtet und müssen, um unser Selbstwertgefühl zu schützen, Gefühle der Rache nähren.

Die Freude eines anderen dämpfen wir aus Neid, aber auch aus der Angst heraus, der freudige Mensch könnte noch ganz und gar die Fassung verlieren über seinem Überschwang.

Zur Sozialisation der Freude

Bei der Rekonstruktion der Freudenbiographie stellt sich immer wieder die Frage, unter welchen Umständen man zu einem freudigen oder weniger freudigen Menschen wird bzw. geworden ist. Wie müßte die Entwicklung verlaufen, daß man freudiger wird?
Für die Sozialisation und die Entwicklung des kindlichen Interesses, das nah an der Freude liegt, kennt man die Bedingungen: Es muß eine Umgebung da sein, die stimuliert; sie darf nicht überstimulieren, darf aber auch nicht unterstimulieren. Als besonders günstig gilt es, wenn man in einer komplexen Familie aufwächst, in der verschiedene Menschen, verschiedene Berufe, verschiedene Interessen, verschiedene Hobbies da sind, aber all das auch wieder nicht zu verschieden. Dann sollte keine zu große Armut herrschen, zu großer Reichtum scheint aber auch nicht förderlich zu sein. Auch ist heute bekannt, daß mit bestimmten Spielen in bestimmten Altersstufen gewisse Interessen geweckt werden können und daß Kinder überhaupt schnell für etwas zu interessieren sind. Menschen scheinen neugierig zu sein, und besonders Kinder sind neugierig. Je «neugieriger» die Eltern sind, ein anderes Wort für interessiert, um so neugieriger werden auch ihre Kinder. Was das Interesse angeht, so weiß man viel über dessen Sozialisationsbedingungen[26], im

Hinblick auf die Freude weiß man da viel weniger. Indirekt geben die rekonstruierten Freudenbiographien Antwort auf die Frage nach den Sozialisationsbedingungen für die Freude. Durchgehend zeigt sich, daß Freude dann erlebt und immer wieder erlebt wurde, wenn die Selbstdarstellung des Kindes durch die Freude der Erwachsenen verstärkt wurde. Stets löste das Selbstvertrauen und Freude aus. Grundsätzlich gilt weiter: Wird in der Erziehung Freude mit Freude beantwortet und wachsen Kinder in einer freudigen Umgebung auf, dann wird auch mehr Freude induziert. In diesem Zusammenhang wurde eine interessante Beobachtung gemacht. Man hat festgestellt, daß die Zuwendung zu einem freudigen und gesunden Kind weniger groß ist als die zu einem kranken Kind; viele Kinder lernen also zu leiden, um Zuwendung zu bekommen. Nur freudig zu sein, bringt offenbar nicht so viel. Sehr oft sagt man von einem freudigen Kind: «Es freut sich, da ist alles in Ordnung, es braucht keine besondere Beachtung.» Noch schlimmer ist, daß freudige Kinder Neid erwecken können. Dieser Neid führt dann zu Äußerungen wie: «Du hast gut lachen. Werde erst einmal erwachsen. Trage du erst einmal auf den Schultern, was ich auf den Schultern trage», oder: «Ihr habt noch gut lachen.» Das alles bedeutet: «Ihr seid ja noch unreif.» Freude wird häufig nicht mit Beachtung beantwortet, sondern wird subtil entwertet. Warum geben wir mehr Zuwendung, wenn Kinder krank sind, als wenn sie sich freuen? Wenn wir freudige Menschen haben möchten, dann müßten wir Freude eigentlich genauso anerkennen und stimulieren und einem Kind, das sich freut, genauso viel Zuwendung geben wie einem traurigen, als Zeichen dafür, daß seine Freude

uns auch freut. Vielleicht würden Kinder weniger krank, wenn wir ihnen auch dann Zuwendung gäben, wenn sie lieb und freudig sind.
Die Freudenbiographien verweisen ferner auf einen weiteren ganz wichtigen Aspekt zur Sozialisationsgeschichte der Freude: Hingebungsvolles Tun sollte nicht gestört werden. Eine Erzählung als Beispiel für viele: «Ich kann mich erinnern, wie ich mit Holzscheiten gespielt und eine ganze Stadt gebaut habe. Ich habe mit meiner Imagination alles belegt. Das war alles ganz toll, und ich fühlte mich wie jemand, der sich über diesem Reich befindet und der dieses Reich schaffen kann.» Das ist die schöpferische Freude, die dann eintritt, wenn man ein Kind es selbst sein und es ungestört hingebungsvoll spielen läßt. Hingabe an das Spiel, an die Phantasie, an das Gestalten bringt Selbstaktivierung bei Selbstvergessenheit. Oft folgt dann als Erinnerung: «Und dann kam mein Bruder und hat mir alles zerstört.» Aber auch Eltern können da sehr stören; oft wurde erzählt, daß immer dann ein Zimmer aufgeräumt werden mußte, wenn das Spiel am intensivsten war.» Das ist eine Erinnerung, die man einmal hinterfragen müßte. Ich bin sicher, daß jetzt einige Mütter und Väter sagen: «Das ist umgekehrt. Das Kind spielt am intensivsten, wenn aufgeräumt werden müßte.» Das kann auch stimmen, aber ich denke, daß wir die Kinder oft aus ihrer Selbstvergessenheit heraus aufstören. Wir müssen uns auch selber fragen, ob wir da nicht neidisch sind – neidisch darauf, daß sie sich noch so leicht vergessen können. Dieses hingebungsvolle Spielen ist aber Voraussetzung dafür, daß Kinder und Erwachsene später an all ihrem Tun Freude haben können, an der Arbeit und am Spiel.

Ob die Fähigkeit zur Freude in der Kindheit nun stimuliert wurde oder nicht, fest steht, daß es Menschen gibt, die sich leichter freuen, und Menschen, die sich weniger leicht freuen. Ob dies eine Folge von Erlebnissen mit der Mutter während der Schwangerschaft ist, ob die Freudefähigkeit allenfalls schon in der Erbsubstanz angelegt ist, ob frühkindliche Erfahrungen eine Rolle spielen: Das alles ist nicht auszumachen. Nicht zu leugnen ist jedoch, daß die Schwelle zur Freude für manche Menschen höher ist als für andere.
Izard[27] führt Autoren an, die der Ansicht sind, daß die Fähigkeit zur Freude biogenetisch determiniert ist, daß wir also mit einer Grundausstattung geboren werden, die darüber entscheidet, ob ein Mensch begabt ist für die Freude oder nicht. Auch wenn das zutreffen sollte, so bleibt doch die Herausforderung an die Erziehung, daß wir lernen, die Freude zu fördern, statt sie zu dämpfen.

Schattenpfade der Freude

Die Schadenfreude

Bei der Rekonstruktion der Freudenbiographie wird nur selten spontan auch die Schadenfreude erwähnt, obwohl sie, fragt man danach, eine große Rolle spielt. Jeder Mensch kennt die Schadenfreude. Da sie aber auch etwas ist, was wir nicht haben «sollten», tun wir so, als hätten wir sie nicht. Aber das hilft nichts, im Gegenteil, sie ist trotzdem da: Schadenfreude, die Freude am Unglück eines anderen Menschen. Wir haben es dabei mit einer Interaktion von Freude und

Grausamkeit zu tun. Da wird deutlich, daß auch die Emotion der Freude ein doppeltes Gesicht hat: Nicht nur sind wir dann, wenn wir die Freude spüren, solidarisch einander verbunden; man kann durchaus auch Freude daran haben, einen anderen Menschen total zu dominieren, einen anderen Menschen zu quälen, auch daran, eine sehr große Trennung herbeizuführen. Schadenfreude und Sadismus gehen ineinander über.
Ein Beispiel zum Thema Schadenfreude: Ein 30jähriger Analysand erzählt, daß er viel zusammen mit einem Kollegen läuft. Sie bereiten sich auf irgendeinen Laufwettbewerb vor. Da bekam der Kollege einen Ermüdungsbruch am Fuß. «Da hat mich eine tiefe Freude erfaßt. Als ich das hörte, dachte ich, das geschieht dem Streber recht, dann habe ich sofort arrangiert, daß wir mit Kollegen, inklusive dem Mann mit dem Ermüdungsbruch, eine Feier veranstalten bis in die Nacht hinein, weil ja am nächsten Tag kein Training ist, keine Schinderei, nichts.» Diese Schadenfreude hat ihn sehr beunruhigt. Er sagte: «Ich habe selten eine so schöne Freude erlebt wie diese Schadenfreude. Da hatte ich den Eindruck, daß dem Leben wirklich etwas Gutes eingefallen ist. Auf der anderen Seite fand ich mich total gestört, total daneben und sagte mir: Was bist du doch für ein mieser Kerl, daß das Unglück eines anderen dein Glück ist.» Dieser Mann meinte, daß es Schadenfreude gar nicht gibt, gar nicht geben dürfe. Das hat nun meine Schadenfreude im Gegenzug hervorgelockt: Ich habe es ihm «gegönnt», sich bei einer so unedlen Regung wie Schadenfreude zu ertappen. Wenn Menschen so edel sind, so gar keine schattenhaften Züge zu haben glauben, dann ist es sehr schön, wenn sie auch einmal erleben, daß sie

einfach Menschen sind. Auch Schadenfreude hat durchaus eine kumulierende Wirkung.
Wie kann man diese Schadenfreude verstehen? Die beiden hatten eine rivalisierende Beziehung miteinander. Jeder mußte mindestens soviel laufen wie der andere, und wenn einer nicht mehr konnte, wurde er vom anderen geneckt; sie haben einander rivalisierend angetrieben, und dieser Ermüdungsbruch bei dem Kollegen war für meinen Analysanden die Entlastung aus einer sehr druckvollen Situation. Wenn sein Kollege sogar einen Ermüdungsbruch hatte, dann war es objektiv zuviel.
Ich habe zu Beginn gesagt, daß Freude eine Emotion der Stimmigkeit sei. Wenn unser Leben wieder stimmiger wird, dann können wir uns freuen. Vielleicht wäre sein Leben stimmiger ohne diese Rivalität. Es wäre auch denkbar, daß er mit diesem Kollegen eine andere Beziehung haben möchte: Vielleicht wäre eine Beziehung, bei der man sich gegenübersitzt und feiert, die gemäße.
Freude und Grausamkeit haben sich – und das wäre die nächste Erklärung – hier verschwistert. Vielleicht liegt eine Tendenz zum Sadismus vor, Schadenfreude wäre dann als sadistische Freude zu verstehen. Freude ist nicht einfach als solche schon eine erhebende Emotion; die gehobenen Gefühle der Freude können auch durch sehr niedrige Motive ausgelöst werden.
Ein weiteres Beispiel: die Schadenfreude einer 18jährigen Gymnasiastin. Sie sagt: «Ich habe eine Schulkameradin, die hat immer so verdammt gute Noten (ich zitiere wörtlich). Und jetzt hat sie einen Vortrag gehalten, der hat dem Lehrer überhaupt nicht gefallen, schon politisch nicht. Der Lehrer hat auch ganz heftig

kritisiert. Das hat mich so (sehr) gefreut. Ich war zwei Tage glücklich. Ich habe gesungen. Meine Mutter hat mich gefragt, ob ich verliebt sei. Ich kam mir gut vor, ich fühlte mich wirklich gut. Wissen Sie, ich weiß eigentlich, daß man Schadenfreude nicht zu haben hat, aber ich kann mir nicht helfen, es hat unheimlich gut getan. Das einzig Ärgerliche ist: Meine Schulkameradin hat unter der Schlappe überhaupt nicht gelitten.»
Bei diesem Beispiel können uns sicher auch eigene Schulerinnerungen einfallen.
Nun möchte ich ein Beispiel von Schadenfreude bei einem 66jährigen Mann anführen. Ich bringe dieses Beispiel, weil ich meine, daß Schadenfreude bei jung und alt, bei Mann und Frau existiert. Er erzählt: «Ich habe da eine Nachbarin, die ist immer so von oben herab und tut immer so, als ob sie etwas Besseres wäre. Jetzt stellen Sie sich vor: Die muß ins Altersheim. Ja, einundsiebzig, und sie muß ins Altersheim. Sonst habe ich das nicht gerne, wenn man ins Altersheim muß. Das erinnert mich daran, daß ich vielleicht auch einmal muß. Hier freut es mich richtig. Diese arrogante Ziege muß ins Altersheim. Es geht ihr auch nicht besser, es gibt doch noch eine Gerechtigkeit auf der Welt.»
Der Mensch, der Schadenfreude auslöst – oder zunächst Neid erregt –, wird immer als etwas Besonderes beschrieben: als besonders begabt, besonders fleißig, besonders arrogant, besonders erfolgreich usw. Es ist immer ein Mensch, der sich über den Durchschnitt erhebt. Das muß nicht unbedingt der konkreten Realität entsprechen, sondern kann eine reine Projektion des Neiders oder der Neiderin sein. Manchmal verwirklichen wir nämlich Begabungen, die wir selber haben, nicht, weil wir lieber in einem Mittelmaß leben, da dies

nicht allzuviel Arbeit und Risiko verlangt. Dann haben wir eine sehr begabte Seite in uns, die aber verdrängt ist. Diese projizieren wir dann auf andere Menschen, und dort müssen wir die auch wieder bekämpfen. Neid könnte eine Herausforderung sein: Wenn wir einen begabten Menschen sehen, uns selber aber entschlossen haben, ein durchschnittlich begabtes Leben zu führen, obwohl das vielleicht nicht ganz stimmig ist, dann ärgert uns dieser Mensch. Er oder sie ist dann ein ständiger Stachel im Fleisch, der irgendwie entfernt werden muß. Meistens entwerten wir die Leistungen dieser Menschen usw. Neid ist aber nicht nur in Zusammenhang mit Leistung zu sehen: Wenn andere Menschen realisieren, was wir uns versagen, aber eigentlich leben möchten, dann neiden wir. Das gequälte Neidgefühl wird nun der Freude, der Schadenfreude weichen, wenn es sich herausstellt, daß der oder die Beneidete gar nicht so besonders ist, wie man ihn oder sie gesehen hat.

Die Schadenfreude wurzelt in dem Gefühl der Genugtuung, es gäbe doch noch Gerechtigkeit auf der Welt. Neid wurzelt ja in der Erfahrung, daß es keine Gerechtigkeit gibt. Die Schadenfreude erfährt dem gegenüber, daß es doch gerecht zugeht: Es geht allen Leuten gleich. Es gibt keine Lieblinge der Götter. Das heißt natürlich auch: Ich bin, so wie ich bin, in Ordnung, oder sogar: Ich bin nicht nur ebenbürtig, sondern ich bin vielleicht sogar größer, ich bin im Moment in der glücklicheren Position.

Schadenfreude wurzelt natürlich auch ganz unübersehbar im neidgetränkten Rivalitätsdenken. Das gute Selbstwertgefühl, das durch die Freude ausgelöst wird, kommt hier aus dem Vergleich, nicht aus einer Ichaktivität. Das Vergleichen haben wir im allgemeinen während unserer Sozialisation gelernt, auch das neidische Rivalisieren statt eines produktiven, tätigen Rivalisierens, eines gegenseitigen Stimulierens. Schon als Kleinkinder werden wir verglichen: Wer ist größer? Als ob das einen Wert in sich hätte. Wer kann schneller? Wer macht besser? Dieses fast zwanghafte Vergleichen, wobei der Größere, Bessere usw. dann das Recht auf ein besseres Selbstwertgefühl zugestanden bekommt, hat fatale Folgen für uns, denn eigentlich sollte unser Selbstwertgefühl aus unserem guten Erleben von uns selbst kommen. Wenn wir eine Arbeit machen, dann ist es ziemlich egal, ob ein anderer sie besser oder schlechter auch noch macht. Wir selbst machen diese Arbeit. Wenn wir das Gefühl haben, etwas Sinnvolles zu tun, dann fühlen wir uns gut dabei. Wenn wir jetzt aber denken, irgend jemand auf der Welt mache es doch besser, dann kann uns dieses gute Gefühl, diese Freude schon wieder verlorengehen.

Dieses zwanghafte Vergleichen, das über Wert oder Unwert befindet, hat auch gesellschaftlich fatale Folgen: Es liefert die Basis dafür, daß alles immer größer, immer mächtiger, immer imposanter sein muß. Das gute Selbstwertgefühl, das damit angestrebt wird, ist aber nur vorübergehend damit zu erreichen: Denn immer ist sofort ein anderer Mensch oder eine andere Institution usw. noch mächtiger, noch erfolgreicher.

Nun hat die tätige Rivalität natürlich ihren Platz in der Entwicklung. Besonders unter Geschwistern stimuliert das Rivalisieren das Selbstwerden, die Individuation; das Kind spürt seine Kräfte und seine Grenzen. Wirklich produktiv wird dieses Rivalisieren aber nur, wenn das einzelne Kind auch die Erfahrung machen kann, daß es, auch wenn es immer wieder unterliegen sollte, doch gleichwertig ist und daß man einander auch hilft, und wenn im ganzen Familiensystem ein Klima der Akzeptanz herrscht. Problematisch wird es, wenn Rivalisieren zu einem Lebensgesetz wird. Kann tätiges Rivalisieren noch viel Freude an der eigenen Kompetenz und am gemeinsamen Wetteifern auslösen, so verunmöglicht neidisches Rivalisieren die Freude. Das Erlebnis gemeinsamer Freude ist eine Möglichkeit, Neidkomponenten in der Rivalität zu überwinden, das Gefühl von Solidarität zu stimulieren. Große, neidgetönte Rivalität hindert uns aber daran, Freude miteinander zu erleben, einander zu stimulieren.

Daß Freude und Neid geradezu antagonistische Emotionen sind, ist uns schon aufgefallen, als wir uns fragten, auf welche Weise die Freudengefühle gedämpft oder entwertet werden. Der Grund liegt in der Wirkung der beiden Emotionen auf das Selbstwertgefühl: In der Freude sind wir mit uns, mit der Umwelt, der Situation, in der wir sind, ganz und gar einverstanden. Wir haben ein natürliches gutes Selbstwertgefühl. Wenn wir neiden müssen, dann geben wir uns damit gerade zu erkennen, daß wir mit uns nicht einverstanden sind, daß wir nach unserer Vorstellung von uns anders sein müßten, oder daß zumindest die Umwelt eine andere sein müßte. Wir neiden aus der Position der fehlenden Selbstakzeptanz, meist angetrieben von einem hart fordernden Ichideal, das letztlich von uns möchte, daß wir alles «besser», «am besten» machen, «am schönsten» sind usw. (Schneewittchen).

Aus dieser Position heraus sind Menschen, die sich freuen, ein Ärgernis, aber auch Objekt einer nicht ein-

gestandenen Bewunderung. Also muß ihnen die Freude verdorben werden, noch besser, wenn das Schicksal selbst diesen freudigen Menschen ihre Freude verdirbt.
Die Schadenfreude ist ganz nah beim Sadismus: Nicht wir haben jemandem Leid zugefügt, wenn wir Schadenfreude empfinden, sondern das Schicksal hat es uns freundlicherweise abgenommen. Bei sadistischem Handeln müssen wir selber Leiden zufügen und die Verantwortung dafür übernehmen. Bei der Schadenfreude sind wir sogar noch entlastet: Wir selbst haben nichts Böses getan, das «Schicksal» hat etwas Böses zugelassen, andere haben etwas Böses getan. Wir haben zunächst nicht einmal Schuldgefühle. Wir können uns einfach freuen darüber, daß da bei einem anderen Menschen etwas schief gegangen ist. Unsere moralischen Überzeugungen bewirken allenfalls später Schuldgefühle, wenn wir finden, daß Schadenfreude keine zulässige Freude ist. Ein wenig Schadenfreude ist erlaubt – darin ist «man» sich einig –, aber nicht allzu viel.
Unser Verhältnis zur Schadenfreude ist sehr doppelt: Bewußt lehnen wir sie ab, und dennoch finden sich ganze Gruppen von Menschen vereint durch Schadenfreude.

Der Sadismus und sein Verhältnis zum Selbstwertgefühl

Sadismus ist definiert als das lustvolle Zufügen von Leid. Man sprüht vor Lust und Freude, wenn man jemandem Leid zufügt, was in Phantasien oder durch

Handlungen geschehen kann. Der Sadismus kann mit Sexualität gekoppelt sein, muß es aber nicht. Es geht beim Sadismus um die Phantasien, sich eines anderen Menschen total zu bemächtigen, total über ihn verfügen zu können, es geht darum, den anderen dazu zu bringen, daß er seine Eigenständigkeit völlig aufgibt. Es geht also um Beherrschung, um Dominanz und Unterwerfung, um Schmerz und Quälerei. Wenn wir jemandem Schmerz zufügen, jemanden quälen können, erleben wir, daß dieser Mensch uns wirklich ausgeliefert ist, daß er ohnmächtig ist. Destruktiv ist Sadismus deshalb, weil durch ihn die Eigenständigkeit eines anderen Menschen zerstört, seine Selbstbestimmung unmöglich gemacht wird, und das ist nicht mehr menschenwürdig. Zur Würde des Menschen gehört eine gewisse Eigenständigkeit.
Was läuft im sadistischen Verhalten psychodynamisch ab? Man will beherrschen. Man identifiziert sich mit einem Menschen oder einer Instanz, die totale Macht haben über einen anderen Menschen; man identifiziert sich mit einem Größenselbst, das auf einen Superman, auf einen destruktiven Gott projiziert sein kann. Solche Bedürfnisse nach Kompensation haben Menschen dann, wenn sie sich völlig unwert und ohnmächtig vorkommen. Die einzige Möglichkeit, sich dann doch mächtig zu fühlen, liegt in den Handlungen der absoluten Beherrschung eines anderen. Auf der Beziehungsebene – und das ist auch der Grund, weshalb auch Freude mit diesem Quälen verbunden sein kann – ist immer noch eine Verbindung da, und zwar zwischen dem Aggressor und dem Opfer, vielleicht sogar eine Verschmelzung. Es gibt kein Opfer ohne einen Aggressor, keinen Aggressor ohne ein Opfer. Durch das

Quälen ist gleichzeitig auch die notwendige Abgrenzung gegeben, da das Verschmelzen – als Verlust der in dieser Situation ohnehin gefährdeten Ichgrenze – auch Angst macht.
Diese Menschen beziehen also Freude nicht aus dem Schatten von etwas Neuem oder aus einer produktiven Beziehung, sie können auch nicht warten auf eine glückliche Fügung, sie sind keine aktiv handelnden Menschen in einem kreativen Sinn. Sie beziehen ihre Freude aus dem Zerstören. Fromm[28] hat immer wieder darauf hingewiesen, daß auch das Zerstören ein Weg aus der Passivität heraus ist. Auch im Akt des Zerstörens fühlt man sich selbst. Wahrscheinlich fühlt man sich in einem zerstörerischen Akt unmittelbarer, rascher auch als in einem kreativen. Die Folgen sind allerdings verschieden. Auch aus dem Zerstören heraus können die Menschen zu dem Gefühl gelangen, daß sie mit sich einverstanden sind. Dieses Gefühl leitet sich von der Freude her, der Freude am Zerstören. Und das macht die Situation auch so gefährlich. Doch hält dieses gute Selbstgefühl nicht an, und es muß weiter zerstört werden, um wieder zu einem guten Gefühl von sich selbst zu kommen – eine Zerstörungsspirale, in die wir viel leichter geraten als in eine Freudenspirale. Indem sie sich durch das Größenselbst kompensieren, im Hinblick auf andere Menschen sich sagen, sie seien machtvoll – so machtvoll, daß sie über einen anderen Menschen zu herrschen vermögen –, können sadistische Menschen sich akzeptieren und sich als wirkungsvoll spüren; dennoch sind sie abhängig von einem Gegenüber. Dieser Wechsel zwischen Omnipotenz- und Abhängigkeitsgefühl gehört ganz wesentlich zur Spirale des Sadismus.

Es gibt nicht nur die Freude am Schöpferischen, es gibt auch die Freude am Zerstörerischen. Und wenn ich in früherem Zusammenhang Freude als eine Emotion der Solidarität bezeichnet habe, dann muß das nicht revidiert werden: Es gibt Orgien der Freude unter zerstörerischen Menschen. Zerstörungslust kann in einen Freudentaumel ausarten, kann ein Gefühl der Gehobenheit bewirken, ein wunderbares Selbstwertgefühl. Erst die Erinnerung an die Freude – wenn man also nicht mehr in der Freude ist – läßt einen Unterschied erkennen: Die Freude aus der Kreativität bleibt meistens als erhebendes Gefühl bestehen, sobald es lebendig ist, auf die Freude aus sadistischen Quälereien folgt ein Gefühl von Schuld und Scham – allenfalls die Abwehr dieser Gefühle, so daß eine Leere erlebbar wird. Das bedeutet aber, daß dieses Ich sich wieder ganz unwert vorkommt, daß erneut eine Kompensation einsetzen muß aus dem Größenselbst heraus und daß es erneut zu Quälereien kommen wird: der Zirkel des Sadismus. Es gibt sehr viele Menschen, die sadistisch handeln und ihr Handeln doch nie als sadistisch erkennen, also auch keine Schuld- und Schamgefühle entwickeln. Sie sorgen nach ihrer Auffassung mit ihrem Handeln für Ordnung, sie erziehen eben, sie setzen sich allenfalls dafür ein, daß Gerechtigkeit herrscht. Hört man sie argumentieren, so hat man das Gefühl, sie seien geradezu ausersehen dazu, die Menschen zu etwas besserem zu machen als sie sind. Der sadistische Aspekt dabei wird kaum bemerkt.

Es gibt auch feine kollektive Sadismen, die als «Freudenhemmer» wirken. Viele – durchaus verantwortungsbewußte – Menschen sagen heute zum Beispiel: «Darf ich mich denn noch freuen, wenn alles so schlimm ist in der Welt?» Oder als Vorwurf: «Die freuen sich ganz schamlos, wo doch die Welt so bedroht ist.» Da ist auch ein feiner Sadismus am Werk: «Du darfst Dich gar nicht mehr freuen! Wenn Du Dich freust, bist Du ein ganz egozentrischer Mensch und siehst unsere größten Schwierigkeiten nicht!» In Anbetracht der vitalisierenden Funktion der Freude, ist das Verbieten der Freude, weil es so schlecht um die Welt bestellt sei, etwas extrem Sadistisches, das Leben Hemmendes. Und meistens unterziehen wir uns auch noch diesem Sadismus. Das ist nicht im Sinn des Lebens. Falls es uns Menschen gelingen sollte, die Welt weiter bewohnbar zu erhalten, dann nur aus Lebens-Freude, aus Lebens-Leidenschaft heraus und niemals, wenn wir uns die Freude versagen. Aus der Depression heraus ist noch nie etwas gerettet worden; wenn etwas gerettet wird, dann aus der leidenschaftlichen Liebe zum Leben. Leidenschaftliche Liebe will nicht zerstören, will nicht den Tod, will das Lebendige. Dieses «Man darf sich nicht freuen, weil es so schlimm ist auf der Welt» stimmt auch psychologisch nicht: Menschen, die unter sehr großen Schmerzen leiden oder in sehr schwierigen Lebenssituationen sich befinden, erzählen immer wieder, daß gerade in dieser Situation auch die Freude erlebt wird und dieses Gefühl viel Hoffnung stimuliert. Wir müssen aufmerksam werden auf die feinen Sadismen. Wir sind mit Recht sehr empört über die brutalen Sadismen, die feinen Sadismen sind schwerer zu durchschauen und doch nicht weniger lebensfeindlich.

Das *Größenselbst*. – Wir haben gesehen, daß das Größenselbst auch einem sadistisch Handelnden für einen

Moment erlebbar ist, wie wir es sonst etwa in der Freudensituation erleben. Die Identifikation mit dem Größenselbst ist ein Stadium der Identität beim Kleinkind. Bei den Ausdrücken Größenselbst, Idealselbst usw. geht es um die Frage der Identität. Es gibt ein Stadium der Entwicklung beim Kleinkind, wo es das Gefühl hat, es könne alles, es sei omnipotent, es sei allwissend und allmächtig: Es ist identifiziert mit dem Größenselbst. Den Entwicklungsschritt zu dem Größenselbst hin kann das Kind machen, weil die Beziehungspersonen das Kind «spiegeln», das heißt, ihm immer wieder sagen, daß es lieb, schön, tüchtig, wirksam, toll ist, daß es ein Zentrum ihres Lebens ist. Wenn ein Kind das erlebt hat, dann entwickelt es zuerst einmal ein gesundes Größenselbst. Freude spielt dabei eine sehr große Rolle. Wenn wir freudig einem Kind bestätigen, daß es etwas bewirken kann, daß wir uns an ihm freuen, dann vermitteln wir dem Kind ein viel besseres Selbstwertgefühl, als wenn wir es relativ emotionslos nur deshalb spiegeln, weil wir zum Beispiel wissen, daß es zu seiner Entwicklung «nötig» ist. Spiegeln heißt, sich wirklich emotional auf ein Kind einzulassen, die Gefühle des Kindes zu bestätigen und zu benennen. Das führt dazu, daß das Kind überzeugt ist, alles gut machen zu können.

Diese Identifikation mit dem Größenselbst wird dann etwa im 3. Lebensjahr relativiert: Das Kind merkt, daß es nicht omnipotent, nicht allwissend, nicht allmächtig ist, aber daß vielleicht andere Menschen es sind. Beziehungspersonen werden idealisiert, und das Kind identifiziert sich mit ihnen. Dadurch, daß es sich mit idealisierten Menschen identifizieren kann, ist es immer noch ein bißchen omnipotent, ein bißchen allwis-

send. Hier spricht man nicht mehr von der Identifikation mit dem Größenselbst, sondern von der Identifikation mit einer oder mehreren idealisierten Personen.
Mit der Zeit verinnerlichen sich die Idealisierungen zu einem sogenannten Idealselbst. Dieses Idealselbst ist ein an die Realität angelehntes (Ichkomplex), aber doch auch davon abgehobenes Ideal von uns selbst (Ichideal). Das Idealselbst gibt uns ein hinreichend stabiles Selbstwertgefühl und den Anreiz, uns weiter zu entwickeln. Dieses Idealselbst müßte uns theoriegemäß relativ unabhängig von Lob und Tadel machen: relativ.
Unsere Identität ist sehr störungsanfällig. Immer dann, wenn wir unter großen Streß geraten, fühlen wir uns in unserer Identität bedroht; dann regredieren wir auf eine frühere Stufe der Ichentwicklung, etwa in die Situation, in der das Größenselbst wieder aktualisiert wird: Unser kleinkindliches Größenselbst wird erneut aktiviert, und wir sind wieder einmal omnipotent, allwissend und allmächtig. Allerdings kann auch einfach die Idealisierung und Identifikation mit einer idealisierten Person aktualisiert werden, was uns hier aber nicht vordringlich beschäftigen soll.
Die Aktivierung des Größenselbst hat für einen Augenblick eine ähnliche Wirkung, wie sie durch die Emotion der Freude ausgelöst wird. Die Freude wirkt auf unseren Ichkomplex, bewirkt das Erleben von Ganzheit und das Gefühl von Selbstvertrauen. Freudig können wir die Welt und uns selbst akzeptieren. Wir können uns öffnen, Ichgrenzen erweitern, wir spüren Vitalität, Energie, Leichtigkeit. Die Emotion der Freude kann uns eine Regression auf das Größenselbst

absolut ersetzen. In Situationen der Bedrohung jedoch werden wir kaum Freude heraufbeschwören können. Dann zeigt sich diese Regression auf das Größenselbst unter anderem in sadistischem Handeln.
Ich will im folgenden einige Formen des In-der-Welt-Seins bedenken, bei denen Freude eine große Rolle spielt, doch auch die Verfallsformen der Freude – wir sind ja auf dem Schattenpfad der Freude – bei denen die Aktualisierung des Größenselbst eine Rolle spielt.

Die Zyklothymie

Ausgehend von der Zyklothymie im Kretschmerschen Sinn werde ich auf die hyperthyme Wesensstruktur (Metzos[29]) und schließlich auf die Manie zu sprechen kommen.
Ich spreche von «Zyklothymie im Kretschmerschen Sinn», weil das manisch-depressive Irresein heute auch unter Zyklothymie fällt. Es gibt heute in diesem Bereich viele begriffliche Überschneidungen. Kretschmer[30] hat den Begriff des «cyclothymen Temperaments» geprägt, dessen Charakteristikum es ist, daß die hiervon bestimmten Menschen «himmelhoch jauchzend, zu Tode betrübt» sind. Von Goethe, von dem diese Verszeilen stammen, sagt man, daß er der berühmteste Mensch mit einem zyklothymen Temperament gewesen sei. Kretschmer übersetzte zyklothym mit «kreismütig». Neben den zyklothymen beschreibt Kretschmer auch schizothyme (spaltseelische) und visköse (zähflüssige) Typen.
Diese Temperamente haben primär nichts mit Pathologie zu tun; ein zyklothymes Temperament kann mit

einem hinreichend kohärenten Ichkomplex verbunden sein, mit einer normalen Ichentwicklung also, aber auch im Falle einer neurotischen Entwicklung oder bei einem ernsthaften Strukturdefekt des Ichs erkennbar sein. Mit Zyklothymie ist zunächst nur beschrieben, daß Frohheit und Unfrohheit bei den entsprechenden Temperamenten sich in einem Kreisprozeß rhythmisch folgen. Heute sprechen wir in diesem Zusammenhang eher von Heiterkeit und Traurigkeit. Zur «Frohheit» gehören bei Kretschmer das Heitere, das Sonnige, die gute Laune, ein wenig Leichtsinn, Humor, Witz. Diese frohen Menschen geben einem das Gefühl, an einer Kraftquelle angeschlossen zu sein, manchmal wirken sie auch etwas zu manisch angetrieben. Zur «Unfrohheit» gehört die Trauer, das Schwerblütige, Schwermütige, Bedrückte, Stille. Nichts freut Menschen in diesem Zustand. Wenn sie gekränkt werden, haben sie keine Wut, sondern werden traurig.
Beim Zyklothymen gehen diese Stimmungen ineinander über; unternehmungslustige Euphorie wechselt mit trüberen Stimmungslagen ab, in denen die Leistungsfähigkeit reduziert ist. Diesem zyklothymen Temperament gehören viele Künstler an, kreative Menschen, aber auch Menschen ganzer Landstriche scheinen davon geprägt zu sein. So sagt man zum Beispiel von den Menschen der Schweizer Berggebiete, daß sie eher zyklothym seien. Die Volksmusik dieser Berggebiete drückt den Wechsel von Euphorie und Schwermut aus. Als Temperament, als eine Form des In-der-Welt-Seins, ist die Zyklothymie etwas, was uns sehr bekannt ist: Das Zyklothyme daran ist, daß auch bei der euphorischen Stimmungslage das Schwerblütige, das Schwermütige im Hintergrund lauert und an-

dererseits hinter dem Schwerblütigen, Schwermütigen die Euphorie spürbar ist und daß diese Menschen auch unvermittelt aus der Schwermut wieder in die Heiterkeit gleiten.
Kretschmer beschreibt diese Typen als sehr ansprechbar, besonders in der Phase der Heiterkeit. Diese Ansprechbarkeit hat aber keine große Nachhaltigkeit. Dieser Typus neigt auch zum Aufbrausen, ist aber nicht nachtragend. Er ist noch mitmenschlich bezogen, von Natur aus hilfsbereit, nicht aber aus Prinzip. Der zyklothyme Mensch ist gesellig, hat einen Tätigkeitsdrang, der mit Arbeitsfreude verbunden ist; er hat «Willensstoßkraft», was ihm hingegen fehlt, ist «Willensspannkraft». Dieser Mensch kann also etwas anstoßen, was ihm dann aber fehlt, ist die Zähigkeit, denn er hat ja dieses «Leichte» in seinem Wesen. Es fehlen Ausdauer, Härte und Zielorientiertheit. Es fällt auf, daß in dieser zusammenfassenden Darstellung der Zyklothymie bei Kretschmer sehr viel ausgeprägter die submanische Phase beschrieben wird als die subdepressive. Auch ein Vorurteil kann man heraushören: Wer so heiter durchs Leben geht, der kann niemals tief gründen.

Die hyperthyme Wesensstruktur

Die hyperthyme Wesensstruktur galt früher als Psychopathie. Heute erklärt man sie als Problematik in der Bildung und Strukturierung des Selbst (Ichkomplex). Eine hyperthyme Wesensstruktur zu haben, bedeutet, eine oberflächliche heitere Grundstimmung zu haben, wobei es sich bereits um einen unberührbaren, nicht erschütterbaren, heiteren Optimismus handelt. Hier bahnt sich der Verfall der gehobenen Gefühle an. Wir haben es mit einem unberührbar-unerschütterlichen heiteren Optimismus zu tun. Der Zyklothyme kennt die Nachtseite des Daseins, auch wenn er immer wieder die Sonnenseite des Lebens sucht und findet. Der Mensch mit der hyperthymen Wesensstruktur hingegen spaltet die dunkle Seite ab, versucht, nur die gehobene Stimmung zu leben. Auch er hat ein lebhaftes Temperament, eine gesteigerte Redseligkeit, große Betriebsamkeit, doch ist er unsensibel für die Bedürfnisse anderer Menschen. Er wird als bereits leicht manisch beschrieben. Durch dieses Hyperthyme werden Angst und Depression abgewehrt: Der Mensch ist unberührbar, unrührbar, heiter, optimistisch. Das Größenselbst ist bei ihm aktualisiert: Andere Menschen mögen unter Angst leiden – für das eigene Leben ist das undenkbar. Die Bezogenheit zum Mitmenschen fehlt. Die Bezogenheit ist mir in diesem Zusammenhang so wichtig, weil es ja zu den Aspekten der Freude gehört, daß wir uns verbrüdern und verschwestern. Es ist nicht immer qualifizierte Bezogenheit, die aus der Freude erwächst, aber sie ist immer auf Mitmenschen bezogen. Der Mensch mit der hyperthymen Wesensstruktur ist nicht mehr bezogen, er hat eine ausgesprochene Ichbezogenheit. Das ist immer dann der Fall, wenn Freude mit Agieren des Größenselbst kombiniert ist. Da besteht keine Bezogenheit auf andere Menschen, sondern nur eine auf sich selbst. Solche Menschen können ihre Triumphe dann auch ohne jede Rücksicht auf die anderen darstellen und formulieren.

Die Manie

Die Manie wird heute auch als Zyklothymie beschrieben. Man muß immer wissen, ob man von der alten Zyklothymie im Kretschmerschen Sinn spricht oder von der neuen Zyklothymie, wie sie etwa Tölle[31] beschreibt: als manisch-depressive Krankheit, Melancholie und Manie oder Affektpsychose.
Bei der Manie wird immer wieder die sogenannte manische Trias beschrieben. Diese interessiert uns hier, weil der erste Aspekt die gehobene Stimmung ist, der zweite Aspekt der gesteigerte Antrieb, der dritte Aspekt die Ideenflucht. Von der Zyklothymie im Kretschmerschen Sinn über die hyperthyme Wesensstruktur führt eine Verbindung hin zur Manie, mit der für sie charakteristischen gehobenen Stimmung, dem gesteigerten Antrieb und der Ideenflucht.

Die gehobene Stimmung.– Unter «gehobener Stimmung» versteht man Ausgelassenheit, Heiterkeit, Fröhlichkeit; auch manische bzw. unter Manie leidende Menschen können beschwingen, anstecken, mitreißend sein. Das ist jedoch nur ein Aspekt ihrer Verfassung. Wer nicht im nächsten Kontakt mit manischen Menschen lebt, könnte dazu neigen, die Manie zu idealisieren. Das ist wohl deshalb so, weil vieles, was in der Manie vorkommt – Freude, Begeisterung, Ekstase – uns attraktiv erscheint. Ich habe noch kaum jemanden aggressiv über einen manischen Menschen sprechen hören, sondern eher mit etwas Neid in der Stimme, im Unterschied etwa zu den Bemerkungen, die über Depressive oder gar Suizidanten gemacht werden. Tölle weist aber auch darauf hin, daß manische Menschen nicht nur heiter sein können, sondern durchaus auch gespannt und ärgerlich.

Die Antriebssteigerung. – Auffällig an den Manischen ist die Antriebssteigerung: Sie sind sehr aktiv bei praktisch fehlender Ermüdbarkeit, haben einen starken Bewegungsdrang, verbreiten eine große Betriebsamkeit. Sie machen alle anderen fertig, weil sie zum Beispiel nicht schlafen gehen wollen. Sie brauchen keinen Schlaf, sie wollen ständig etwas unternehmen, denn sie erleben auch eine große Enthemmtheit.
Ich hatte einmal einen Analysanden, der, an sich depressiv, plötzlich in eine manische Phase kam. Er schrieb in dieser Phase innerhalb von 72 Stunden 250 Schreibmaschinenseiten nieder – über kein geringeres Thema als «Die Reformierung des Unterrichtswesens an der Universität Zürich». Er hat während dieser Zeit nicht geschlafen, und was er geschrieben hatte, war zum Teil sehr gut, zum Teil eigentümlich. Während der zweiten Nacht rief er mich mehrmals an: um 23.00 Uhr, da hatte er eine gute Idee; um 3.00 Uhr, da war ich verschlafen und wußte nicht, warum er anrief; um 5.00 Uhr, da meinte er, als ich wieder so verschlafen und auch etwas ungehalten wirkte: «Sagen Sie mal, schlafen Sie eigentlich immer?» So äußert sich also Antriebssteigerung bei fehlender Ermüdbarkeit.

Die Ideenflucht. – Die Ideenflucht ist die typische Denkstörung der manischen Menschen. Sie springen von einem Thema zum andern, verlieren sich in Unwesentlichem, haben einen Rededrang oder auch einen Schreibdrang. Im Rededrang werden Wörter nur noch locker aneinandergereiht, ohne Sinnzusammenhang,

sondern rein assoziativ bis hin zu bloßen Klangassoziationen.
Es sieht so aus, als könnten manische Menschen leicht Beziehungen aufnehmen. Das tun sie aber nicht, sie sind nur distanzlos. Sie können sich im manischen Zustand einfach auf einen anderen stürzen, Fragen stellen, wie man sie sonst nie stellen würde. Das griechische Wort «mania» bedeutet Raserei, Wut, Wahnsinn, aber auch Begeisterung. Der Gott der «mania» ist Dionysos, der auch der Gott der Ekstase ist. Was als pathologisches Bild beschrieben wird, das ist nicht nur Pathologie, sondern im Bild der Manie zeigt sich auch die Sehnsucht des Menschen nach Grenzüberschreitung.
Zu der manischen Verfassung gehört in der Regel eine große Selbstüberschätzung. Dabei zeigt sich nun, daß psychodynamisch auch hier wiederum das Größenselbst reaktiviert ist, während das kritische Selbst wie ausgeschaltet erscheint. Die betroffenen Menschen finden sich in diesem Zustand hochintelligent. Sie meinen, alle Probleme lösen zu können, denn es gibt gar keine Probleme, die man nicht lösen kann. Meistens machen sie revolutionäre Erfindungen und schaffen es auch gelegentlich, bis zum Patentamt vorzudringen, oder sie starten überrissene finanzielle Unternehmungen usw. In diesem Zusammenhang spricht man dann von expansiver Manie.
Es wird spürbar, daß in dieser Krankheit das Lebensgefühl der Gehobenheit umschlägt in eine Art Besessenheit und Raserei: Etwas, das zuvor beschwingt war, überdreht sich. In der Regel haben diese Menschen keine Einsicht in den krankhaften Charakter ihres Tuns, und da sie einen solch starken Betätigungsdrang

haben, setzen sie ihre Ideen sehr schnell in Taten um. Der Mann, der die 250 Seiten geschrieben hatte, war zugleich ein fanatischer Radfahrer. Er hat an einem Nachmittag 15 Räder gekauft, einfach ein Rad nach dem andern. Geld hatte er zwar keines, und so hat er sich in Schulden hineinmanövriert, an Schulden zu denken, war ihm aber schon wieder zu gewöhnlich.
Den Zustand der Manie können die von ihm betroffenen Menschen als willkommene Steigerung ihres Selbstgefühles erleben, einige erleben den Schub aber auch als qualvoll. Sie stoßen sich auch sehr an der Umwelt, die ihnen immer so vernünftig erscheint, so schwerfällig: So bestand jener Mann, als er mir die 250 Seiten brachte, unbedingt darauf, daß ich sie auch gleich läse. Als ich ein bis zwei Seiten gelesen hatte, unterbrach er mich: «Sie lesen aber langsam. Jetzt müßte das doch durch sein.» Im manischen Zustand werden andere Menschen als schwerfällig, als übervernünftig, als Spielverderber gesehen.
Auch nach Abklingen des manischen Schubes haben einige der Betroffenen noch das Gefühl, daß das Erlebte ganz gut war. Andere empfinden es nachträglich als peinlich, wieder andere als qualvoll. Der Unterschied des manischen Zustandes zu einer freudigen ekstatischen Situation besteht darin, daß der manische Zustand nicht mehr dirigierbar ist, daß man sich in der Manie nicht mehr steuern kann: Das Größenselbst hat hier die Regie übernommen, die übliche Fähigkeit zur Kontrolle, die zu unserem Ichkomplex gehört, entfällt.

Ludwig Binswanger zum manischen Lebensgefühl

Ludwig Binswanger beschreibt in seinem Artikel «Vom anthropologischen Sinn der Verstiegenheit»[32] das Lebensgefühl, das sich in der Manie äußert, und bringt uns dieses Lebensgefühl recht nahe. Er geht von der Frage aus, warum das menschliche Aufsteigen-Wollen, das Sich-in-die-Höhe-Bewegen auch in Verstiegenheit umschlagen kann, warum wir Menschen plötzlich «verstiegen» sind. Eine ähnliche Frage kann uns auch im Zusammenhang mit der Freude beschäftigen: Wann schlägt Freude um? Warum kann sich Freude nicht einfach immer steigern? Weshalb gibt es einen Umschlagspunkt, an dem wir unsanft wieder auf der Erde landen, an dem die Freude schal wird?
Binswanger vertritt nun die ebenso einfache wie faszinierende Idee, daß es eine «anthropologische Proportion» gebe, wobei dem Schreiten in die Weite das Sich-emportragen-Lassen in die Höhe entsprechen müsse. Menschen müßten sowohl die Horizontale als auch die Vertikale leben. Das Ausschreiten in die Weite – man muß sich das als Bild vorstellen – bedeutet dann zugleich das Sammeln von Erfahrungen, die Erweiterung des Gesichtskreises, was auch mit Einsicht und Umsicht zu tun hat, aber auch mit dem Besitzergreifen von Welt, mit Erkennen, Erarbeiten, Durcharbeiten, Bewältigen. Das ist die eine Dimension des Menschseins, sie entspräche dem Schreiten in die Weite, der Horizontalen. Die andere Dimension ist die der Sehnsucht – der Sehnsucht, in die Höhe emporgetragen zu werden, sich emportragen zu lassen, im wesentlichen auf den Flügeln der gehobenen Stimmungen, von Leidenschaft und Einbildungskraft begleitet. Diese Bewe-

gung in der Vertikalen meint das Überwinden der Erdenschwere, das Sich-Erheben über den Druck des Alltags, über die Angst. Im besten Fall müßte sich damit Übersicht gewinnen lassen im Sinne einer höheren Einsicht. Dieses Emporgetragen-Werden in die Höhe, das, was in der Emotion der Freude erlebbar ist und über die Freudenmomente hinaus in der Ekstase, ist eine Sehnsucht des Menschen. Deshalb versuchen immer wieder Menschen, sich in solche Stimmungen zu versetzen, z. B. durch Fasten, Meditation, Rausch, Drogen usw. Es ist ein Bedürfnis der Menschen, die Erdenschwere zu überwinden.

Das Sich-Versteigen ereignet sich für Binswanger dann, wenn die Proportion nicht mehr stimmt zwischen Weite und Höhe. Steigen wir vergleichsweise mehr in die Höhe, als wir in der Weite unserer Standfläche abdecken können, dann «versteigen» wir uns, sind wir «verstiegen». Höhe und Weite müssen in einer guten Proportion sein. Dominiert die Höhe dimensional, dann stürzen wir ab, müssen uns mit der konkreten Realität auseinandersetzen. Binswanger bringt diese Tatsache der «anthropologischen Proportionalität» damit in Zusammenhang, daß wir Menschen von dieser Welt sind, materiell, uns immer auch bewähren müssen in dieser Welt, daß wir aber – und das ist sein Spezialthema – durch die Liebe immer auch teilhaben an etwas Umfassendem, an etwas, das weit über uns hinausgeht. Für ihn ist es geradezu das Wesen des Menschen, daß er sich über das Alltägliche auch emporschwingen kann. Der Mensch, der sich an die Welt verliert, wäre der, der nur das Meßbare sieht, im Konkreten letztlich versumpft, weil er keine andere Dimension hat – und melancholisch wird.

Ausgehend von der «anthropologischen Proportion» kann man im Zusammenhang mit der Vertikalen auch die Dimension der Tiefe einführen. Sie ist in dieser Schrift nicht Thema, verlängert man aber gedanklich die Vertikale in die Tiefe, dann haben wir als Symbol für die «anthropologische Proportion» das gleichschenklige Kreuz vor uns, ein uraltes Symbol der Menschheit[33].

Fügen wir diese Ergänzung den Überlegungen Binswangers hinzu, dann hieße das für unser Thema: Wir versteigen uns dann nicht, wenn wir auch in der Tiefe wurzeln und im konkreten Leben vergleichbar Fuß gefaßt haben.

In der manischen Lebensform hätte man nun nur noch den Aspekt der Höhe, nicht mehr den Aspekt der Weite des Daseins. Binswanger spricht in diesem Zusammenhang von «präsentischem Lebensgefühl»: In der Manie, da tänzelt man, da springt man, schwebt man. Er meint das einerseits als konkrete Bewegung, andererseits auch als Symbol. Dabei spielt auch der Tanz als Symbol eine Rolle. Im Tanz ist wirklich die Höhe betont, man ist normalerweise nicht auf Weite hin orientiert. Man kann allerdings auch verhindern, daß man zur Ekstase kommt, indem man zum Beispiel die Schritte zählt, also in der Weitendimension verhaftet bleibt und sich nicht in die Höhe emportragen läßt. In der Manie, diesem Tanz, wird der Leibraum erweitert in den Umraum. Das ist auch der Grund, weshalb uns Manische so überfahren können: Ihr Leib hat sich schon ausgeweitet und ist eins mit dem sie umgebenden Raum. Wir haben einen Anflug von diesem Leibgefühl, wenn wir im Auto sitzen, da wird unser Leibraum auch erweitert. Dieser erweiterte Leibraum ist

natürlich ein Ausdruck des Größenselbst, den man sonst kaum je beschrieben vorfindet. Lebensgeschichtliche Positionen werden aufgegeben, man lebt in der manischen Lebensform nur noch in der Gegenwart. Es gibt keine fortschreitende Entwicklung mehr. Manische Menschen können auch nicht beim Wort genommen werden, denn beim Wort genommen werden hieße, zu einer Vergangenheit zu stehen. Auch Binswanger beschreibt die Menschen als flüchtig, ansteckbar, mitreißend: Dem schwebenden, springenden, hüpfenden Lebensstil entspringt ein analoger Sprachstil; sie dulden aber keinen Widerspruch, es sei denn um den Preis eines Tobsuchtsanfalls.
Binswangers Quintessenz: Für den manischen Menschen ist das Dasein ein beständiges Fest. Und er wird gereizt, wenn man dieses Fest stört. Dieses Fest ist sozusagen unproblematische, unreflektierte Daseinsfreude. Darin sieht Binswanger den Kern der manischen Lebensform: in der festlichen Daseinsfreude. Deshalb idealisieren wir wohl gelegentlich die Manie. Er fügt dann aber hinzu, daß bei normalen Festen, wenn es auf einen Höhepunkt zugehe, auch der Tod anwesend sei, bei rituellen Festen ganz besonders – das Sterben–Müssen als die Bewegung des In-sich-Zusammenfallens des Höhenfluges. Binswanger findet auch, daß in dieser Festfreude das Thema des abfallenden Lebens immer schon zu finden ist, das Thema des Absterbens. Gestalten manische Menschen ein Fest, dann kommen trotz aller Ausgelassenheit viel depressive Inhalte vor. Einerseits ist in der manischen Daseinsform also festliche Daseinsfreude, selbstverständliche Daseinsbejahung, ein Glaube an die Wandlungsfähigkeit des Lebens, ein Glaube an die Aktivität er-

lebbar: Leben lastet nicht, es fliegt, das Leben ist ein Tanz, bei dem es mitzutanzen gilt. Damit verknüpft ist das Bewußtsein vom Reichtum des Entdeckbaren und der Gedanke, daß man als Mensch eine unerschöpfliche Wirksamkeit hat. Das ist es, was die Manie attraktiv macht, besonders dann, wenn man selber nicht durch sie gefährdet ist. Binswanger sieht die Übergänge auch fließend. Zwischen Ideenflucht und kreativem Denken bestehen natürlich fließende Übergänge. Das Brainstorming beispielsweise, eine Methode zum Entwickeln kreativer Ideen, basiert auf der Ideenflucht. Die festliche Daseinsfreude, der Glaube an die Wandelbarkeit des Lebens, die Überzeugung, wirksam sein zu können – das ist ein Lebensgefühl, das der schöpferische Mensch sucht.
Wo ist der Übergang von Optimismus zu wahnsinnigem Optimismus bzw. zum Wahnsinn? Biswanger zitiert dazu Goethe:

«Niemals glaubte ich, daß etwas zu erreichen wäre. Immer dacht' ich, ich hätte es schon. Man hätte mir auch die Krone aufsetzen können, und ich hätte gedacht, es verstehe sich von selbst. Und doch war ich gerade dadurch nur ein Mensch wie andere. Aber daß ich das über meine Kräfte Ergriffene durchzuarbeiten, das über mein Verdienst Erhaltene zu verdienen suchte, dadurch unterschied ich mich bloß von einem wahrhaft Wahnsinnigen.»[34]

In diesem Text kommt sehr klar zum Ausdruck, wie nah Goethe Kreativität und Wahnsinn beieinander sieht. Der Text ist eine gute Illustration von Binswangers Idee der anthropologischen Proportion. Höhe und Weite müssen in einem guten Verhältnis zueinander stehen: Die Ergriffenheit als Thema der Höhe, das Durcharbeiten als Thema der Weite. Für mich würde zum Durcharbeiten noch zusätzlich eine Verwurzelung im Konkreten und in der eigenen Tiefe gehören. Freude schlägt nur dann nicht ins Gegenteil um, wenn wir auch eine Verwurzelung haben. Binswanger resümiert seine Abhandlung: «Bloße festliche Daseinsfreude führt zum Wahnsinn. Aber bloße Daseinsproblematik» – er bezieht sich auf die Melancholie – «die führt zum Tod.» Was Biswanger als manisches Lebensgefühl beschrieben hat, wird normalerweise als manische Trias mit der gehobenen Stimmung, dem gesteigerten Antrieb und der Ideenflucht bezeichnet.

Die festliche Daseinsfreude

Das Lebensgefühl, das den Manischen ergriffen hat und ihn rasend macht, ist, in abgeschwächter Form, die Sehnsucht vieler Menschen: von einer Begeisterung erfaßt zu sein, sich ekstatisch zu freuen, die «festliche Daseinsfreude», wie Binswanger sagt. Nur festliche Daseinsfreude allein führt zum Wahnsinn: Das Emporgetragenwerden in die Höhe und das Schreiten in die Weite müssen sich entsprechen.
Die festliche Daseinsfreude ist ein «präsentisches Lebensgefühl». Diesem Lebensgefühl sind wir im Beschreiben der Freude begegnet, und es wird immer deutlicher, nähern wir uns der Begeisterung und der Ekstase. Es ist ein Gefühl, das nicht die Zukunft im Auge hat, auch relativ wenig Vergangenheit, es ist ein Gefühl des Augenblicks. Das ist auch der Grund, weshalb wir diese Gefühle auch wieder lassen können

müssen, die Emotion der Freude ist keine beständige Emotion. Im Zustand des präsentischen Lebensgefühls überlegen wir uns nicht, was übermorgen ist oder was irgendwann gewesen ist. Und von daher eröffnet sich eine große Chance, herauszutreten aus dem, was schon immer war, aus der ewigen Sorge um die Zukunft, die so phantasielos, so ängstlich macht.

Zur festlichen Daseinsfreude gehört weiter eine selbstverständliche Daseinsbejahung und damit verbunden der Glaube an die Wandlungsfähigkeit des Lebens, der Glaube daran, daß Leben auch leicht sein kann, daß es einen ungeheuren Reichtum an Entdeckbarem gibt und daß man eine unerschöpfliche Wirksamkeit haben kann. Was psychopathologisch als Ideenflucht bezeichnet wird, kann, wenn mehr Ichkontrolle dabei ist, auch kreatives Denken genannt werden, Ideenreichtum, Einfallsreichtum. Kommt dazu noch ein etwas gesteigerter Antrieb, fühlen wir uns beschwingt, dann sprechen wir in diesen Zusammenhängen von Inspiration.

Binswanger legt uns nahe, daran zu denken, daß diese Gefühle dann zu Wahnsinn werden, wenn das Ich nicht mehr in der Lage ist, einen gewissen Ausgleich zu schaffen, indem es zum Beispiel die Realitätskontrolle einbringt. In dieser Situation der festlichen Daseinsfreude sind wir offen zum Unbewußten hin. Deshalb haben wir dabei so viele Einfälle, Einfälle kommen ja aus dem Unbewußten. Wenn wir uns zum Unbewußten hin öffnen, braucht es einen recht gut strukturierten Ichkomplex[35] oder eine sehr tragfähige Gruppe oder auch Rituale, die helfen, das, was von innen her Besitz von unserem Leben ergreift, auch ins Alltagsleben hereinzubringen. Wenn wir uns von der Faszination, der Inspiration, ergreifen, emportragen lassen über den normalen Alltag hinaus, dann müssen wir uns anschließend auch wieder dem Konkreten stellen, müssen gestalten, realisieren, was wir erlebt haben, oder zumindest den Zusammenstoß mit der Welt, der erfolgen kann, auch aushalten. Gerade das kann der Kranke nicht. Das kann auch der weniger Kranke nicht, da wir in dieser Situation aus dem Größenselbst heraus agieren. Dann ertragen wir keinen Widerspruch, ertragen wir auch nicht das Widerständige des Alltags.

Zwischen Kranken und Nicht-Kranken sind fließende Übergänge: Wenn wir gerade eine unheimlich gute Idee haben, so richtig inspiriert sind, in Stimmung, angeregt, etwas zu gestalten, und in diesem Augenblick kommt zum Beispiel der Partner und sagt: «Es muß unbedingt der Rasen gemäht werden!», dann bekommen nicht nur manische Leute einen Tobsuchtsanfall. Die Sehnsucht nach dem Lebensgefühl der festlichen Daseinsfreude ist eine sehr menschliche Sehnsucht. Wir tun auch viel dazu, um dieses Lebensgefühl zu erreichen: Fasten, Meditieren, Joggen, Tanzen usw. sind Wege dazu. Dabei scheint – etwa beim Tanzen oder Joggen – gerade die lang ausgeführte, gleichmäßige Bewegung einen ekstatischen Effekt zu haben. Die Schamanen bringen sich in Ekstase mit lang anhaltender, gleichmäßiger Trommelmusik. Musik kann eine gehobene Stimmung vermitteln, und fast jeder Mensch weiß, welche Musik ihn oder sie in eine gute Stimmung bringt. Wir hören Musik, auch in großer Lautstärke, damit wir vitalisiert werden, damit mehr Antrieb da ist. Den gesteigerten Antrieb versuchen wir über Fitness des Körpers zu erreichen. Unser Fit-

nessboom hat nicht so sehr mit Gesundheit zu tun – er ist vermutlich eher ungesund –, sondern damit, daß er uns das Gefühl gibt, wir hätten dann mehr Energie, mehr Antrieb. Festliche Daseinsfreude ist nicht nur eine Sache des Geistes, sondern auch des Körpers: Emotionen sind immer auch körperlich. Wir versuchen, uns so fit zu halten, damit wir endlich einmal zu einer Ekstase kommen können. Aber der Bezug auf den Körper allein genügt auch nicht.
Auch bei der Sehnsucht nach Ideenreichtum können wir uns stimulieren: Man kann sich an Menschen anhängen, die ausgesprochen ideenreich sind. Es gibt immer Leute, die eine Fülle von Ideen aus sich heraussprudeln. Das kann ganz schön beleben. Da geht man dann hin, redet mit ihnen und kann erleben, wie man zusehends mehr belebt wird, allenfalls wird man wütend, wenn die Ideenfülle dann doch nicht kommt. Wer liest, weiß, daß es auch Bücher gibt, die eine Ideenfülle vermitteln, in die man sich hineinfallen lassen kann, und man merkt, wie diese Ideenfülle die eigene anreichert, ankurbelt. Gelingt es uns nicht, diese Lebensfülle zu erreichen, versuchen wir es möglicherweise mit Rauschmitteln. Im Grunde genommen riskieren wir das Leben, um lebendig zu werden. Der gesteigerte Antrieb, der Ideenreichtum oder einfach die Ekstase sind wahrscheinlich die Aufgipfelung des Lebensgefühls überhaupt, das äußerst intensive Lebensgefühl, das äußerste Gefühl der Lebendigkeit, das Menschen erreichen können. Rausch, Ekstase, auch Kreativität sind dazu da, die Grenzen des konkret Erfahrbaren zu überspringen, Festgeschriebenes, Alltägliches zu überschreiten. Das heißt im Grunde genommen nichts anderes als das, daß wir immer wieder un-

sere gewordenen Grenzen überschreiten und daß wir damit andere Menschen werden können. In Rausch, Ekstase, Inspiration wollen wir im Grunde genommen auch andere Menschen werden, und zwar sehr deutlich solche Menschen, die lebendiger sind, die sich betroffen fühlen, die Energie haben zum Handeln, die an Veränderung glauben, letztlich sogar Menschen, die hoffen können. Nicht nur Menschen, die etwas Bestimmtes erwarten, sondern die hoffen.

Inspiration

Inspiration und Kreativität

Wir können über die gehobene Stimmung, die geistige Vitalität, die Ideenfülle inspiriert werden. Auch bei der Inspiration gilt das Gesetz der Ansteckung. Das Ärgerliche ist bloß, daß einem nur wenige inspirierte, ekstatische Menschen begegnen. Menschen, die sich freuen, trifft man immer wieder einmal, aber inspirierte sind schon ein bißchen dünner gesät; oder die Menschen sind zwar inspiriert, aber abgekapselt in ihren eigenen Zimmern oder in sonst irgendwelcher Abgeschlossenheit. Wir haben recht viel an Inspirations- und an Ekstasemöglichkeiten verloren, besonders im Rahmen der Religion, und daher rührt auch das wachsende Bedürfnis nach Inspiration und Ekstase.
Die inspirierte Lebenssituation, in der die anthropologische Proportion stimmt, in der wir nicht einfach von der Inspiration weggetragen werden und Inspiration uns nicht zur Besessenheit oder zum Fanatismus verführt, ist zugleich eine kreative Lebensstimmung. Das Zitat von Goethe hat schon darauf hingewiesen: Wenn wir von Inspiration sprechen, dann sprechen wir zugleich auch von Kreativität. Weil Kreativität als eine Möglichkeit gesehen wird, diese inspirierte Lebensstimmung zu verwirklichen, haben wir zur Zeit auch einen Kreativitätsboom, mit dem sich die Hoffnung verbindet, daß durch Kreativität die Lebensstimmung gründlich verändert werden könnte. Wenn ich jetzt

von Kreativität spreche, meine ich nicht die speziell künstlerische Kreativität. Ich will sie zwar nicht ausklammern, aber ich beziehe mich jetzt auf das kreative Erleben von vielen Menschen, auf Kreativität auch auf der Ebene der Persönlichkeit.
In der Kreativitätsforschung stößt man immer wieder einmal auf die treffende Bemerkung, schöpferisches Arbeiten bestehe zu 5 % aus Inspiration und zu 95 % aus Transpiration. Dieser Ausspruch läßt an die anthropologische Proportion denken, die hier auch einmal näher bestimmt wird: Der Anteil der harten Arbeit überwiegt bei weitem den der Inspiration. Das, was in der Inspiration gesehen, erkannt, erahnt worden ist, muß ins Leben zurückgeholt werden. Sonst wären wir bei aller Inspiration doch Menschen, die in irgendeiner Form abgehoben haben. Es gibt sie, die Menschen, die viele gute Ideen haben, geradezu einen Ideenreichtum, die aber nie dazu kommen, diese zu verwirklichen, etwas niederzuschreiben oder etwas weiterzugeben, weil sie gerade schon der nächsten Idee nachjagen. Sie werden oft als faul bezeichnet, zu Unrecht. Sie wollen nur immer noch mehr: Der Prozeß der Inspiration, diese Lebendigkeit des Lebens, soll nicht gestört werden, und so verliert die Inspiration ihre innere Kraft. Diese Menschen haben nicht erfaßt, daß Lebendigkeit des Lebens auch erlebbar ist in dem Moment, in dem realisiert und gestaltet wird – und bei dem man auch schwitzt. Vielleicht ist im Hingegebensein an die Gestaltung mehr Freude als Inspiration zu spüren.
Es ist natürlich wunderbar, zündende Ideen zu haben. Man verliert sich dabei leicht in eine Größenphantasie und hat das Gefühl, die Idee des Jahrhunderts gefun-

den zu haben. Das ist ein sehr schönes, belebendes Gefühl für die Spielphase der Kreativität. Aber auch wenn nachher nur mehr ein schaler Abglanz von der Ursprungsidee schwarz auf weiß vorläge: Wenn man sein Werk erst einmal in die Hand nehmen kann, wenn es von anderen Menschen auch gelesen, gesehen wird, löst das ein gutes Gefühl aus – das Gefühl, daß das, was Inspiration war, auch Gestalt annehmen kann, daß etwas sich inkarnieren ließ.
In der Kreativitätsforschung wird davon gesprochen, daß Freude, Begeisterung, Inspiration und Ekstase die kreativen Akte begleiten. Es gibt etliche amerikanische Kreativitätsforscher, die in diesem Zusammenhang immer die gleichen Ausdrücke gebrauchen; sowohl May wie auch Rosner, Taylor und Anderson[36] sprechen davon, daß Kreativität die Emotion eines Akts von höchster Selbstverwirklichung sei. Diese höchste Selbstverwirklichung nennen sie Inspiration. Oder sie sagen, Kreativität sei höchster Ausdruck von Leben überhaupt, Aufgipfelung des Lebensgefühls, gesteigertes Selbstwertgefühl. Dieses Lebensgefühl wird dann immer gegen die Angst abgesetzt, weil durch die Kreativität auch immer sehr viel Angst überwunden wird, zum Beispiel die Angst, etwas nicht zu schaffen, etwas Falsches zu machen, abgelehnt zu werden, und die vielleicht wesentliche Angst: nicht fähig zu sein, das auszudrücken, was man eigentlich ausdrücken möchte. Alles, was kreativ gestaltet wird, ist ein Sieg des Lebensgefühls der Lebendigkeit gegen das Lebensgefühl der Angst, die uns zum Schweigen bringen will. Insofern erleben wir in der Kreativität eine ständige Auseinandersetzung zwischen den Gefühlen, die uns beschwingen, in die Höhe emportragen, und

den Gefühlen, daß wir am Harten, am Widerständigen arbeiten müssen.
Man unterscheidet in der Kreativitätsforschung einen organisierten Zugang zur Kreativität von einem inspirierten Zugang zur Kreativität. Diese Zugänge sind nicht wirklich voneinander zu trennen. Auch wer sehr organisiert an die kreative Arbeit herangeht, sehr strukturiert und gezielt an etwas arbeitet, ist irgendwann auf Inspiration angewiesen. Beim inspirierten Zugang läßt man sich von seinen Einfällen ergreifen und leiten. Einig ist man sich in der Kreativitätsforschung darin, daß diese Ideen aus dem Unbewußten kommen. Es sind Ideen, die unseren Ichkomplex vom Unbewußten her in Beschlag nehmen, die uns packen, ergreifen und uns das unabweisbare Gefühl vermitteln, daß diese Ideen nun gestaltet werden müssen. Dieses Gefühl vermittelt sich mit einer großen Unbedingtheit und Radikalität. Der Unterschied zwischen mehr oder weniger kreativen Menschen scheint darin zu bestehen, daß bei den sehr kreativen diese unbewußten Ideen sehr viel drängender ins Bewußtsein kommen als bei den weniger kreativen, daß sie also auch mit sehr viel mehr Ergriffenheit einhergehen, mit sehr viel mehr Unbedingtheit und zum anderen, daß die Ideen auf ein Ich treffen, das fähig ist zu gestalten. Voraussetzung der Kreativität wäre also, sich ergreifen lassen zu können. Im Zusammenhang mit der Freude habe ich oft von Hingabe gesprochen: Wenn wir uns einer Arbeit ganz hingeben können, dann löst sie Freude aus. Bei der Inspiration kommt ein neues Moment dazu, nah bei der Hingabe und diese voraussetzend: Ergriffenheit. Wir sind ergriffen von dem, was im Unbewußten konstelliert ist, also von den un-

bewußten Komplexen und den hinter ihnen stehenden archetypischen Konstellationen[37]. Diese Konstellationen im Unbewußten haben mit unserer Lebensgeschichte zu tun, aber auch mit kollektiven Zusammenhängen, mit dem auch, was an Wandlungsmöglichkeit «in der Luft liegt» oder was vom kollektiven Unbewußten an das Bewußtsein herangetragen wird. Wenn wir uns ergreifen lassen, dann haben wir es mit den Emotionen der Erregung, der Freude, aber auch der Angst zu tun. Damit hängt eine eigentümliche Blokkierung zusammen, bis dann entweder Freude oder Angst überwiegen, so daß die Idee verfolgt werden kann oder allenfalls gelassen werden muß. Sind wir von einer Idee ergriffen, so erleben wir eine Antriebssteigerung, wir haben dann viel mehr Energien als üblich. Wir können uns in solchen Situationen auch so richtig überarbeiten, weil wir gar nicht mehr merken, was wir uns zumuten können oder nicht, es wird dann auch deutlich, daß wir über viel mehr Energien verfügen, als wir normalerweise brauchen. Das Lebensgefühl, das die Inspiration begleitet, ist ein Gefühl des Ergriffenseins und des Betroffenseins von etwas, das größer ist als wir selbst. Jetzt handeln wir nicht mehr aus der Identifikation mit dem Größenselbst heraus: In solch einer Situation sagen wir nicht von uns, wir hätten etwas ergriffen oder wir brauchten nur zuzugreifen, dann komme alles, wie wir es uns wünschen, sondern: Wir sind von etwas ergriffen worden, wir selbst können es nur beschreiben, gestalten, aufgreifen, und durch dieses Aufgreifen erhalten wir die Kraft zum Handeln, zum Gestalten, und wir gestalten die Sache und damit auch uns selbst. Das vermittelt ein Gefühl von Sinn.

In der Jungschen Therapie ist es ein Ziel, Menschen auf der Persönlichkeitsebene kreativ werden zu lassen: Die Idee ist dabei, das Bewußtsein sich zum Unbewußtsein hin öffnen zu lassen, damit die konstellierten Komplexe als Ideen und nicht primär als Störungen wahrgenommen werden. Dazu muß man in der Regel den Ichkomplex so weit stabilisieren, daß diese Ideen usw. ausgehalten und gestaltet werden können. Das kann mit verschiedenen Strategien erreicht werden, unter anderem auch durch die analytische Beziehung, die im besten Fall ein Gefäß ist, eine Struktur darstellt, die diese unbewußten Einbrüche aufnehmen und strukturieren kann[38]. Es kann auch notwendig sein, das Unbewußte zu beleben. Es gibt dazu verschiedene Methoden, zum Beispiel ist die Imagination eine solche Methode, um das Schöpferische im Menschen zu stimulieren[39].

Bei der Kreativität treffen wir die Inspiration in einer Form, in der sie uns wenig ängstigt. Ich habe damit noch nicht von der künstlerischen Kreativität gesprochen, von Menschen, die eine Idee haben, vielleicht zwei, drei Jahre darum ringen, diese Idee zu gestalten, sie nicht gestalten können, depressiv werden und womöglich das Gefühl bekommen, sie müßten sich umbringen, wenn es nicht gelingt, diese Idee zu gestalten. Ich habe bisher nur einen Mittelbereich im Auge gehabt, in dem Kreativität zwar lebenssteigernd wirkt, aber doch noch nicht die letzte Ekstase und auch noch nicht – damit verbunden – die letzte Todesbedrohung bewirkt. Wo Ekstase ist, da ist immer auch Todesbedrohung.

Inspiration und Ekstase

Inspiration könnte man definieren als: Ergriffensein, Betroffensein von Gedanken, Einsichten, Ideen oder auch von Emotionen, die immer außervernünftig, vielleicht auch übervernünftig erscheinen. Die Inspiration wurde schon immer als Einwirkung eines göttlichen Wesens gesehen. In der Kreativitätsliteratur, zum Beispiel bei Koestler[40], wird der Einfall als «göttlicher Funken» bezeichnet. Der «göttliche Funken» wird gar nicht selten in der Kreativitätsforschung zitiert. Auch nüchterne Menschen können plötzlich davon sprechen, daß man Kreativität nicht anders erklären könne, als daß da etwas vom Menschen Besitz ergreife, das über ihn hinausgeht. Hier kommt zur Inspiration die alte Vorstellung von Ekstase hinzu: In der Ekstase tritt der Mensch aus sich heraus und macht einem Gott Platz. Dann läßt der Mensch Gott aus sich reden und handeln und kann eben im Unterschied zum Zustand des Manischen dann auch wieder der alte Mensch werden. Wir haben in der Ekstase auch den Eindruck, nicht mehr bei uns, sondern außer uns zu sein. Wir werden dabei aber nicht leer, wir haben nur einem Gott Platz gemacht und führen sein Reden und Handeln aus. In der Religionsgeschichte sind solche Erfahrungen an verschiedenen Orten beschrieben; sicher gehört das Pfingsterlebnis dazu, das im 2. Kapitel der Apostelgeschichte des Lukas auf folgende Weise beschrieben wird:

«Als der Pfingsttag angebrochen war, waren alle an einem Ort beisammen. Da entstand plötzlich vom Himmel her ein Brausen wie von einem daherfahrenden gewaltigen Wind und erfüllte das ganze Haus, in dem sie saßen. Und es erschienen ihnen Zungen wie von Feuer, die sich zerteilten, und es ließ sich auf jeden von ihnen nieder. Und alle wurden mit Heiligem Geist erfüllt und begannen, mit anderen Zungen zu reden, wie der Geist ihnen zu sprechen verlieh [. . .]»

Das ist ein wunderbares Bild für die Inspiration.

«Sie gerieten aber alle außer sich und waren ratlos. Und einer sagte zum andern: ‹Was soll das bedeuten?› Andere dagegen spotteten. ‹Sie sind voll süßen Weines.› Da trat Petrus mit den Elfen vor, erhob seine Stimme und sprach zu ihnen: ‹Ihr Juden und all ihr Bewohner von Jerusalem, das sei euch kundgetan! [. . .] Diese da sind nicht trunken, wie ihr meint; es ist ja erst die dritte Stunde des Tages. Vielmehr geht hier das durch den Propheten Gesagte in Erfüllung: In den letzten Tagen wird es geschehen, spricht der Herr, da will ich von meinem Geist ausgießen über alles Fleisch, und ihre Söhne und ihre Töchter werden weissagen, und die Jünglinge werden Gesichte schauen, und die Greise werden Träume träumen [. . .] Und ich will Wunder wirken am Himmel oben und Zeichen auf der Erde unten.› »

Das Pfingstwunder ist eine Geschichte der Inspiration, und auch der Ekstase. Typisch dafür sind die Feuerzungen. Im Zusammenhang mit Freude werden immer wieder Ausdrücke von Wärme gebraucht; Freude, die in Begeisterung übergeht, wird dann zu einem Feuer; Inspiration kann symbolisch dargestellt werden als loderndes Feuer. In mystischen Texten wird das etwa so ausgedrückt: «Glühen ist mehr als Wissen.»[41]
Das Ergriffensein wird in der Pfingstgeschichte als Ergriffensein vom Geiste Christi bezeichnet. Dieses Ergriffensein wird zunächst vom Außenstehenden verdächtigt, ein ganz normaler profaner Trunkenheits-

rausch zu sein, sozusagen die Verfallsform der Inspiration. Inspiration und profaner Rausch verhalten sich zueinander wie das Ergriffensein von einem geistigen Gott – hier – zu dem Vollsein von profanem «Spiritus» oder wie das Über-sich-Hinaus-Sein in der Inspiration zu dem Sich-Vergessen im Versinken im profanen Rausch. Es ist also kritisch zu fragen, ob ein Zustand Inspiration sei oder nur gewöhnlicher Rausch. Zunächst gleichen sich beide Zustände: Die Menschen reden in Zungen. Immer da, wo Menschen sehr inspiriert sind, kommt auch eine Art von Zungenreden vor, die Glossolalie. Sprache ist etwas, was zu unseren bewußten Ichfunktionen gehört. Ist das Unbewußte dermaßen wirksam, ist es eben auch denkbar, daß da eine ganz fremde Sprache kommt, manchmal auch eine ganz alte Sprache, die man noch nicht kennt. Hildegard von Bingen hat in ihren Visionen eine unbekannte Sprache gehört, die sie als Sprache der Engel versteht. Sie hat dazu sogar ein Buch niedergeschrieben, in dem sie viele Worte dieser Sprache festhält, sogar in einem eigenen Alphabet. Ihr Buch heißt «Wörterbuch der unbekannten Sprache»[42].

Was da aufbricht, kann im Grunde genommen nicht in der alten Sprache ausgedrückt werden, doch meistens ist die «neue» Sprache, die gesucht wird, noch nicht zuhanden. Ekstatische Zustände sind sowieso eher sprachlose Zustände, die näher bei der Musik sind, Zustände, die danach verlangen, daß man springt, musiziert, tanzt, bei denen Rhythmen eine Rolle spielen, in denen allenfalls noch Bilder auftauchen.

Als Folge der Inspiration ist es möglich, daß Menschen auf einmal weissagen können. Inspiration erschöpft sich nicht in einem Gefühl der Lebendigkeit, Inspira-

tion heißt mehr, nämlich mit einem tiefen Wissen vom Leben in Kontakt zu kommen, das über das hinausgeht, was im Moment bewußt gewußt wird. Diese Gabe wird als Weissagen, allenfalls auch als In-die-Zukunft-Sehen bezeichnet. Inspiration hat sehr viel mit Vision zu tun. Wenn man uns als Kinder unserer Zeit vorwirft, wir hätten keine Utopien und keine Visionen mehr, dann trifft das nur in dem Sinne zu, daß wir sie nicht mehr wagen, allenfalls noch im stillen, weil wir vielleicht zu sehr auf Weite hin angelegt sind und zu wenig auf Höhe und Tiefe. Nicht nur Visionen, diese Zukunftsbilder, die in uns eine Sehnsucht wecken, die auch unsere Lebendigkeit stimulieren, werden durch die Inspiration belebt, sondern auch die Träume.
Im Pfingstbericht sollen die Alten die Träume träumen: Alle sind beteiligt, wenn Inspiration aufkommt, etwas Neues, Hoffnungsvolles soll geschehen. Das Ausgießen des Heiligen Geistes bewirkte, daß die Urchristengemeinde gegründet wurde. Ergriffenheit und Inspiration werden hier in eine Sozialutopie und in eine Sozialpraxis umgesetzt. Es ist eine exemplarische Demonstration der anthropologischen Proportion, des Verbindens von Höhe und Weite des Lebens. Aus dem lebendigen Erleben von Geist, aus der Inspiration heraus wurde eine Idee geboren, und aus ihr heraus entwickelte sich eine neue Struktur. Wenn sich diese sicherlich neue Struktur erst einmal so richtig verhärtet hat, dann werden wir den ursprünglichen lebendigen Geist nicht mehr finden. Da ist dann keine Inspiration mehr, sondern nur noch sehr viel Zwang und Kontrolle. Als Reaktion entwickelt sich die Sehnsucht nach neuer Inspiration. Man fragt sich dann, wo der lebendige Geist geblieben sei. Was einmal inspirierend

war, was neue Visionen kreiert hat, wird nun als Struktur in der Welt etabliert. Dadurch entstehen oft auch recht harte Strukturen, die rigide verwaltet werden. Das ursprünglich Lebendige ist dann nicht mehr da und muß neu gesucht werden.
An der Pfingstgeschichte wird auch deutlich, daß aus der Inspiration heraus und in der Inspiration ein «Wirgefühl» erlebt wird – daß inspirierte Menschen nicht nur für sich selbst, sondern auch für andere denken und gestalten. In dieser Geschichte wird übrigens eine Inspiration im Kollektiv beschrieben, etwas, was wir seit der NS-Zeit zu fürchten gelernt haben, was aber seit dem 9. November 1989 bei der Öffnung der Berliner Mauer und den großen friedlichen «Montagsdemonstrationen» in der DDR auch wieder neu und anders gesehen werden kann. Die Frage bleibt jeweils bestehen, welcher Gott es ist, der von uns Besitz ergreift, welche Ideale, Überzeugungen, Ideen durch die Inspiration in den Vordergrund rücken: ob es die Liebe (Gestaltungskraft) ist oder doch eher der Haß (Zerstörungskraft) oder auch nur die Bewunderung für die Gottähnlichkeit einiger Fußballer? Ist es schon bei einem Individuum von größter Wichtigkeit, daß es jeweils bewußt aufarbeitet, was ihm in der Inspiration, im Rausch durch das Unbewußte eröffnet wird, daß es die Botschaft aus dem Unbewußten verantwortlich ins Leben integriert – um so wichtiger wäre es noch, daß auch bei Gruppen solche bewußte Verarbeitung von Inspiration geschähe. So müßte auch aus dem Unterbewußten aufgebrochene Aggression in Gestaltungskraft umgeleitet werden können – und kann es auch, falls die Menschen nicht von tiefen Ressentiments beherrscht sind. Dann bliebe nur der Haß.

Der Unterschied zwischen Begeisterung und Rausch respektive Ekstase ist ein gradueller: Bei der Begeisterung ist der Mensch noch bei sich selbst, wenn auch die Ichgrenzen etwas gelockert sind, so daß wir zum Unbewußten hin geöffnet sind und sich uns auch schon übermenschliche Kräfte erschließen können. Beim Rausch und auch bei der Ekstase geraten wir außer uns. Die Kontrolle des normalen Bewußtseins hört auf, die Ichgrenzen sind bedeutungslos geworden.
Den Rausch kann man als Übergang zur Ekstase sehen, wobei wir nicht nur die religiöse, sondern auch die erotisch-sexuelle Ekstase kennen. Die erotisch-sexuelle ist heute vor allem die Art der Ekstase, durch die wir das gesteigerte Lebensgefühl gewinnen und erhalten wollen. Das führt dazu, daß Eros und Sexualität hoffnungslos überfordert werden: In ihnen soll sich nun das ganze ekstatische Leben ereignen. Wenn wir uns verlieben, und wenn es uns dabei so richtig «erwischt», dann kommen wie selbstverständlich ekstatische Lebensgefühle auf, daher sind wir auch inspiriert. Gerade hier liegt aber auch die Quelle der größten Enttäuschungen, dann nämlich, wenn uns der Mensch, der zuerst so sehr inspirieren konnte, auf einmal nicht mehr inspiriert oder wenn wir schließlich beide in einen Zustand geraten, wo wir einander nicht zu mehren, sondern nur noch zu kritisieren vermögen. Wird Ekstase aber gefordert, dann ereignet sie sich sowieso nicht. Ekstase kommt und geht unverfügbar.
Sowohl beim Rausch als auch bei der Ekstase haben wir ein hohes Maß an innerer Erregung. Die Ichgrenzen sind aufgehoben, das Unbewußte kann hereinbrechen. Das ist die Voraussetzung dafür, daß wir uns in einen anderen Menschen wandeln, die Möglichkeit,

den Alltag zu transzendieren, was aber immer mit der Auflage verbunden ist, in die Alltagswirklichkeit zurückzukommen. Deshalb sind die soziale Einbettung der Ekstase oder ihre rituelle Gestaltung so sehr wichtig: Während unsere Ichgrenzen aufgehoben sind, kann uns ein strukturiertes Netz von Menschen, oder auch die Struktur eines Rituals, die Ichstruktur ersetzen. Es geht auch umgekehrt: Wenn wir uns in einem Netz von Menschen gehalten, in Ritualen eingebunden wissen, dann müssen wir uns nicht um unser Ich sorgen und können uns den Kräften der Inspiration und Ekstase wesentlich sorgloser überlassen. Da wir heute in der religiösen Praxis solche kollektiven Rituale, die auch Ekstase zulassen würden, nur wenig noch kennen und pflegen, sind wir eher dazu geneigt, die Ekstasen zu privatisieren, wie es beispielsweise in der Drogensucht geschieht, und da können sie im wahrsten Sinne des Wortes tödlich werden. Wenn wir von Ekstase sprechen, sprechen wir nicht nur von gesteigertem Leben, sondern wir sprechen immer auch von der Möglichkeit zu sterben. Und das meint nicht nur, daß wir uns in der Ekstase ganz neu erleben, uns allenfalls auch entscheidend wandeln können, sondern daß wir daran auch ganz konkret sterben können.

Übung: Versuchen Sie nun, Ihre *Biographie der Inspiration* zu rekonstruieren. Die Inspiration setzt wesentlich später in der Lebensgeschichte ein als die Freude. Situationen, die eine starke Inspiration oder gar Ekstase ausgelöst haben, sind meistens auch bewußt erinnerbar, da sie eine große Wirkung auf das weitere Leben hatten. Um an die weniger existenziellen Formen von Inspiration und Ekstase heranzukommen, mag es hilfreich sein, sich zum Beispiel an der Sehnsucht nach Inspiration zu orientieren: Wann in meinem Leben habe ich mich besonders nach Inspiration gesehnt? Vielleicht sogar als zusätzliche Frage: Wann habe ich mich besonders gelangweilt? Abwesenheit von Inspiration wird oft als Langeweile empfunden. Eine andere Frage, die weiterhelfen kann: Wann bin ich auf einen Menschen womöglich böse geworden, weil er oder sie mich nicht inspiriert hat?

Dionysos

Im Emotionsfeld Begeisterung, Inspiration, Rausch, Ekstase, wobei auch ein Übergang zur Hoffnung festzustellen ist, dem äußersten Pol der gehobenen Lebensstimmung, äußerten sich früher Götter, wie Dionysos oder Wotan. Ich will mich im Folgenden dem Dionysos zuwenden, dem Gott der Raserei, der Wut, des Wahnsinns und der Begeisterung, als dem Gott der Mania.

Müßte man beweisen, daß Dionysos wirklich hinter diesen Emotionen steht, wäre das zu erbringen, indem man studiert, wie er noch heute jene Menschen beeinflußt, die sich mit ihm beschäftigen: Euripides zuerst, dann Karl Kerényi, Walter F. Otto, Friedrich Nietzsche, auf die ich mich in diesem Kapitel auch stütze.

Karl Kerényi hat zahlreiche Bücher über griechische Mythologie geschrieben. Sein letztes Buch hieß: «Dionysos, Urbild des unzerstörbaren Lebens»[43]. Er hat es selber nicht mehr veröffentlichen können, er ist darüber gestorben; seine Frau hat es dann posthum herausgegeben. Daneben existiert ein sehr dionysisches

Buch von Walter F. Otto: «Dionysos»[44]. Dieses Buch nimmt uns bei der Lektüre in seinen begeisternden, beschwingten Rhythmus mit hinein. Friedrich Nietzsche geht in «Die Geburt der Tragödie aus dem Geiste der Musik»[45] zwar von Dionysos aus, aber er wird dabei von diesem Dionysischen dermaßen gepackt, daß kaum auszumachen ist, was wirklich mit dem Gott Dionysos zu tun hat und was Nietzsche in Dionysos hineinprojiziert. Das machen sich die verschiedenen Autoren auch gegenseitig zum Vorwurf: Sie hätten sich nicht mit dem mythologischen Dionysos beschäftigt, sondern ihn als Ausgangspunkt für ihre dionysischen Projektionen benutzt. Die Beschäftigung mit Göttergestalten hat natürlich immer den Effekt, daß sie die Archetypen in unserer Seele beleben – und deshalb lösen sie auch viele Phantasien aus, ungeachtet des überlieferten Wissens, das zusammengetragen werden kann, im Grunde des Halbwissens, das man einbaut.
Kerényi zum Beispiel sammelte jeweils Informationen noch und noch, sein Dionysosbild wird immer komplexer, bis ihn plötzlich ein Strom von Emotion erfaßt und wunderbare Formulierungen und Bilder, seine dichterischen Seiten, sich Bahn brechen. Gerade das scheint das Dionysische zu sein, daß bei der Ergriffenheit von dieser Kraft, von diesem Gott, auch an sich sehr kontrollierte Menschen von ihren Emotionen weggetragen werden. Dionysos als der Gott der Inspiration, der Ekstase – er inspiriert noch immer. Euripides hat in seiner Tragödie «Die Bakchen» wohl das, was man von Dionysos weiß, am genauesten zusammengefaßt[46].
Dionysos als Symbol für das unzerstörbare Leben: diese Beschreibung von Karl Kerényi will ich ins Zen-

trum stellen. Wir haben meist eine recht klare Vorstellung davon, was dionysisch ist: Wir verbinden es meistens mit dem Rauschhaften, dem Ekstatischen, verbunden mit Sexualität und auch mit Fruchtbarkeit. Viele Aspekte von Dionysos fallen aber in dieser heutigen reduzierten Sicht unter den Tisch. Dionysos ist ein sehr komplexer Gott: Freude zu bringen und zu bezaubern, das ist seine wichtigste Fähigkeit und Begabung. Er bringt auch den Wein (früher den Honig, der auch gärte und berauschte) und löst damit von Trauer und Sorge, er befreit und heilt. Er ist ein Tänzer und ein ekstatischer Liebhaber. Dieser lustvollste der Götter, ein Gott des wilden Eros, ist gleichzeitig auch der furchtbarste: Er zerreißt Tiere und verschlingt sie, allenfalls auch Menschen. Dionysos selbst ißt rohes Fleisch und wird dadurch in bestimmten Situationen bzw. zeitweilig zum Raubtier. Ein unheimlicher Zwiespalt steckt in diesem Gott: Einerseits ist er ein Freudenbringer, andererseits der Gott der Vernichtung. Er wird dann auch entweder mit sehr großem Lärm gefeiert oder mit Totenstille. Er ist nicht nur ein Vegetationsgott, was er zweifellos auch ist, sondern auch ein Gott der Unterwelt, ein Gott der Toten, er wird oft auch mit dem Hades gleichgesetzt. Zu seinem Kult gehört, daß ein Phallussymbol, ein Symbol der Fruchtbarkeit, herumgetragen wird. Tod und Auferstehung, wobei Auferstehung in diesem Zusammenhang Ekstase bedeutet, kann er bringen und damit auch symbolisieren. Dionysos, wie wir noch sehen werden, ist ausgesprochen ein Gott der Frauen. Wandlungsfähig wie er ist, bewirkt er Wandlung. Er ist ein komplexer, vielseitiger Gott: Er ist das Symbol für eine universale Fruchtbarkeit, in ihm zeigt sich der in-

tensivste Ausdruck von Leben und Tod. In seinen Riten werden durch Musik, Bewegung und Trunkenheit, Vision und Dichtkunst heraufbeschworen, die Manie, der Enthusiasmus, die körperliche Ekstase, wobei eben intensivstes Leben und das Ende dieses Lebens vereint sind. Am Bild dieses Gottes können uns Aspekte der gehobenen Stimmung, des Rausches und der Ekstase deutlich werden.
Die gehobene Stimmung des Rausches und der Ekstase sind nicht denkbar ohne unsere Leiblichkeit: Wenn Körpererleben, Sexualität, Eros zusammenwirken, fühlen wir uns fruchtbar, trunken, kreativ. Diese Emotionen basieren auf der chaotischen Fülle des Lebens. Grundlage dafür ist die Große Mutter als Spenderin der Fülle des Lebens. Dionysos als Gott hat die Standesunterschiede verwischt. Er sprach Bauern, Politiker, Intellektuelle, Kontemplative, Orgiastiker und Asketen an[47]. Wo Dionysos ist, ist das Leben unreduzierbar. Deshalb kann Dionysos bei Kerényi auch zum Symbol für das unzerstörbare Leben werden. Dionysos wird angerufen. Man erwartet den Gott, man hofft aber auch auf ihn.

Aspekte des Dionysos

Dionysos als «göttliches Kind»

Es gibt verschiedene Geburtslegenden über Dionysos als «göttliches Kind». Eine Legende erzählt von der Geburt des Dionysos aus dem Oberschenkel des Zeus. Zeus hatte sich mit Semele eingelassen, einer sterblichen Frau. Hera ist eifersüchtig und sagt Semele, sie

solle doch Zeus einmal bitten, sich ihr in seiner ganzen Herrlichkeit zu zeigen. Er tut das in Form einer blitzenden Flamme: Semele wird von diesem Blitz erschlagen. Schnell holt man aber noch den werdenden Dionysos aus ihrem Bauch heraus. Zeus operiert ihn in seinen Oberschenkel hinein und trägt ihn aus. Dann erfolgt die zweite Geburt des Dionysos aus dem Oberschenkel des Zeus. Es handelt sich hier um die zweifache Geburt des «göttlichen Kindes», ein Erzählzug, der im Zusammenhang mit diesem Archetyp immer wieder vorkommt: Das «göttliche Kind» wird zuerst von einem Menschen geboren und dann von einem Gott. Die feministische Kritik meint dazu, dies sei ein Ausdruck dafür, wie der Vatergott auch noch das Gebären an sich gerissen habe.
Es gibt andere Geburtssagen: Dionysos wird zum Beispiel auch als Sohn der Persephone und des Hades gesehen.
Zum «göttlichen Kind» gehören immer auch die Mütter, auf Abbildungen ist Dionysos bei der Geburt von Frauen umringt. Er hat eine nahe Beziehung nicht nur zu seiner Mutter, Semele oder Persephone, sondern auch zu Demeter und vielleicht auch zur großen Göttin Kybele. In den «Bakchen» des Euripides wird denn auch immer wieder ausgedrückt, daß die Frauen um Dionysos sich der Kybele verpflichtet haben[48], der großen Göttin, die sowohl für die Unterwelt als auch für die Erde zuständig ist. Dionysos ist der Gott der Frauen.

Dionysos, noch als «göttliches Kind», wird auf einem Bock sitzend dargestellt. Zu Dionysos gehört der Bock als Symbol des überbordenden, vitalen Lebens. Der Bock verweist auf Pan und damit auf Sexualität und auch auf Panik. Die Böcke werden in den Dionysosriten nie geopfert: Böcke hat man zum Spielen.
Dann erscheint Dionysos auf einem Pantherwagen. In der Literatur wird sehr oft gesagt, der Pantherwagen sei Symbol für seinen zerreißenden, seinen Raubtieraspekt. Das scheint mir fraglich zu sein. Kybele selbst wird oft auf einem Pantherwagen gezeigt, so daß hier zum Ausdruck kommen könnte, daß Dionysos ein Gott ist, der, Kybele verbunden, somit auch weibliche Züge hat und sich wohl auch wie eine weibliche Wildkatze benehmen kann. Auf dem Pantherwagen reist er zu Ariadne, seiner Frau. Zu ihr hat er, der ekstatische Gott, im Gegensatz zu den ihre Beziehungen wechselnden anderen Göttern, eine ganz konstante Liebesbeziehung.
Dionysos wird schon als Kind, und auch später, im Zusammenhang mit Weinreben dargestellt. Er wird mit der Weinrebe verglichen, die im Winter noch aussieht, als wäre sie nur trockenes Holz, die dann aber so wunderbar ausschießen kann und die Früchte für den Wein hervorbringt. Die Weinrebe als Symbol ist eine der möglichen Darstellungen von Tod und neuer Fruchtbarkeit. Dionysos tritt denn auch unvermutet auf und entschwindet wieder. Er ist ein Gott, den man nicht kontrollieren kann. Sehr oft wird er als abwesender Gott verehrt. Auch Efeu und Pinie – Efeu als Symbol für die Unzerstörbarkeit des Lebens, die Pinie als

Fruchtbarkeitssymbol – treten in den Darstellungen dieses Gottes vermehrt auf. Die Weinrebe ist dabei oft in Zusammenhang mit einem Schiff oder einem Schiffskarren zu sehen: Dionysos kommt aus der Unterwelt, aus dem Meer. Manchmal erscheint er allein in seinem Schiff, geschmückt mit Weinreben, manchmal ist er auch begleitet von Frauen und einem Silen. Ein Silen ist ein zweibeiniges Pferdewesen, das einen ausgeprägten Phallus besitzt, Oberschenkel wie ein Pferd, aber den Oberkörper eines Mannes. Gealterte Silene werden manchmal auch als Satyrn bezeichnet. Diese unterscheiden sich von den Silenen dadurch, daß sie meistens sehr dickbäuchig sind, vom Weingenuß. Sie gelten als die geilen Begleiter des Dionysos. In diesen Bildern mit dem Schiff oder dem Schiffskarren tritt nicht mehr das Kind Dionysos auf, sondern der erwachsene Dionysos, nachdem man ihn angerufen hat. Er erscheint mit großer Vitalität. In seinen verschiedenen Schiffen zeigt sich, was er so alles mit sich bringt: etwa Maultiere. Auch die Mänaden – Mänade kommt von der «Mania», der Besessenheit, der Raserei – die Begleiterinnen des Dionysos, reiten auf Maultieren. Manchmal ist anstelle des Maultiers auch ein Stier vorhanden, der dann geopfert wird, damit der Gott und mit ihm die Menschen in den Genuß der Kraft, vor allem auch der sexuellen Kraft, dieses Stieres kommen.

Die Feste des Dionysos

Vier Feste wurden im Laufe des Jahres für Dionysos gefeiert: Die sogenannten «Ländlichen Dionysien» im

Dezember, bei denen, der Phallus vorangetragen, die neue Fruchtbarkeit heraufbeschworen wurde; die «Lenäen» mitten im Winter; die «Anthesterien» im Februar/März, bei denen die Weinfässer geöffnet wurden; schließlich die «Großen Dionysien» im März/April. Diese Feste haben eine bleibende Struktur: Am ersten Tag wird Dionysos angerufen – mit «Dithyramben», die gesungen und getanzt werden. In einem Kreis singen die Frauen ein kultisches Weihelied auf Dionysos, klatschen und rufen ihn an. Während dieser Anrufungen werden die Weinfässer geöffnet, es werden Trinkwettbewerbe abgehalten, es herrscht die Euphorie der Trunkenheit, die – hervorgerufen durch den Weingenuß und den kultischen Tanz – eine Sehergabe auslösen kann, die nahe bei der Dichtkunst ist: Bei diesem Fest wird das, was man sieht, in Worte gefaßt, und diese trunkene Dichtkunst gilt als Geburt der Tragödie. Man ruft den Gott an und, indem man ihn anruft und seinen Wein zur Steigerung der Ekstase annimmt, wird man visionär und kann das Geschehene formulieren. Um in diesen ekstatischen Zustand zu kommen, nimmt man den Wein zu sich und schließt sich in einem Kreis zusammen, man faßt sich an, es entsteht und fließt die Energie der Verbundenheit: Der Kreis wird ein neues Gefäß, die Menschen im Kreis werden zur Aufnahme von Neuem bereit. Dionysos wird gelockt, man ruft ihn mit rituellen Gesängen und Tänzen an. Der Gott naht sich auf einem Schiff. Der Stier wird ihm geopfert. Damit kommt man auch als Mensch in den Genuß der Kraft des Stieres. Auch wird symbolisch vorweggenommen, was geschehen wird: Die ungeheure Vitalität, die beim Nahen des Dionysos erlebbar wird, muß auch wieder geopfert werden.

Am zweiten Tag wird Dionysos mit der Stadt vermählt, er vollzieht den *Hieros Gamos* mit der Stadt. Dionysos ist ein Gott, der absolute Vorherrschaft will. Er zwingt sich auf. Aus psychologischer Sicht ist das vollkommen einleuchtend. Diese dionysischen Emotionen, Emotionen, die so tief im Körper gründen und so sehr unsere tiefste Sehnsucht ausdrücken, sind ausschließlich und radikal.
Der dritte Tag des Festes gilt dann als der Tag der Toten. Dann kehren die Seelen der Toten zurück, das Gebet für die Toten wird gesprochen. Ein Fest, das sich so sehr aufgipfelt in diesem An- und Herbeirufen des Dionysos, im Festgesang, in der Dichtung, schließlich im Rasen, bringt letztlich alles, was tot ist im Leben, auch alles, was man gerne hätte sterben lassen, wieder zum Vorschein. Alles, was verdrängt war, weg war, tot war, ist dann wieder da.
Man muß sich diese Feste wohl als Vegetationsfeste denken, in Anlehnung an die Natur, die immer wieder aufersteht und wieder stirbt; der Mensch soll lernen, was auch mit ihm geschieht: Immer wieder kann er in der Identifikation mit einem Gott zu neuem Leben kommen, er wird aber auch immer wieder in einem totenähnlichen Zustand sein. Als psychische Erlebnisse für den einzelnen sind es die Erlebnisse der Ekstase auf der einen Seite und im Prozeßverlauf das Hochkommen des Verdrängten. Wir können nicht unser Unbewußtes einströmen lassen, können es nicht beleben, ohne daß unsere Probleme mitbelebt werden. Das ist einer der Gründe, warum wir uns Ekstase gar nicht immer wünschen können, weil wir wissen, daß sich an der Ekstase auch der Bodensatz unserer Existenz mitauskristallisiert.

Das Mysterium

Man weiß im Grunde genommen wenig darüber, was auf den Höhepunkten dieser Feste wirklich passiert ist: Immer wieder wird von Raserei und Ekstase gesprochen. In den «Bakchen» von Euripides wird einiges näher ausgeführt. Da es sich um ein Mysterium handelte, ein Mysterium von Frauen, war es geheim.

Es wird geschildert, wie Dionysos erscheint, entweder unter Lärm oder in Totenstille. Dann verlassen alle Frauen ihre Häuser, ihre Kinder und Ehemänner, ziehen des Nachts in die Berge, tanzen zum Klang des Tympanons und der Flöte, sind außer sich vor ekstatischem Tanz, können so sehr außer sich geraten sein, daß man sie erst Tage später in einem Ort jenseits des Parnassos wieder findet, zu Tode erschöpft. Dort sind sie umgesunken, haben einen tiefen Schlaf geschlafen, bewacht von den Frauen jener Ortschaften, die sie wiederum in einem Kreis umgeben, damit sie in Ruhe schlafen können. Dieses Entrücktsein in einer wilden, tanzenden Bewegung scheint von großer Bedeutung zu sein. Die Frauen sind mit Rehfellen bekleidet, mit Efeu bekränzt, mit Schlangen gegürtet, sie haben Fakkeln dabei, tragen den sogenannten Thyrsosstab, einen mit Weinlaub umbundenen Stab, mit einem Pinienzapfen an der Spitze.

Das Wesentliche am Mysterium scheint zu sein, daß die Bewegung des Tanzes sie so sehr in Trance bringt, daß sie offenbar auch auf Fels und Schnee tanzen können. Kerényi wird nicht müde aufzuzeigen, daß die Frauen sogar auf dem ca. 2400 m hohen Parnassos und in den Monaten Februar/März, wenn Schnee liegt, getanzt haben.

Das Ungeheure daran ist, daß die Frauen in dieser Zeit ihre Familien einfach verlassen. Dionysos erlebte deshalb auch sehr viel Widerstand: Da kommt ein Gott daher, alle Frauen verlassen Mann, Kinder und Säuglinge, gehen in die Wälder, tanzen, von dem Gott erfüllt, miteinander – und die Männer werden umgebracht, wenn sie in das Umfeld dieses ekstatischen Geschehens kommen. Diese Mänaden tanzen nicht nur, sie säugen in dieser Verfassung auch Rehkitze, wilde Wolfsjunge, zerreißen Tiere mit bloßer Hand und essen das rohe Fleisch. Sie sind in einem dionysischen Zustand, ergriffen von Dionysos und in der Identifikation mit diesem Gott. Alle gemeinsam versuchen teilzuhaben an der Gottheit, das reduziert die Angst. Da erweist sich die Idee, daß in der Ekstase ein Gott von einem Menschen Besitz ergreife, als vollkommen richtig. Daraus resultiert gesteigerte physische Kraft, Unverletzbarkeit: Feuer und Waffen können den Frauen nichts anhaben; Wunder ereignen sich. Da kann man Wasser aus Felsen herausschlagen, aus Wasser wird Wein, aus Flüssen kommt Milch. Und das geschieht im 7.–8. Jahrhundert *vor* Christus, von dem ja auch berichtet wird, daß er Wasser in Wein verwandelt habe (Joh. 2). Auffallend ist, daß Starres in Bewegung kommt: Daß Wasser in Wein verwandelt wird, könnte, symbolisch verstanden, heißen, daß uns der dionysische Zustand in eine Situation bringt, in der wir Wasser wie Wein wahrnehmen können, in der wir in den ganz alltäglichen Dingen das Inspirierende sehen. Zur Inspiration begabt zu sein, heißt nicht nur, diese Ekstasen erleben zu können, sondern auch das Inspirierende hinter dem Alltäglichen zu sehen.

Warum aber ist das Dionysosmysterium nur ein Mysterium für die Frauen? Otto sieht den Grund dafür darin, daß nur Frauen in der Lage sind, zu stillen und zu gebären, was offenbar konstitutionell zur Erfahrungsmöglichkeit dieses Mysteriums gehört. Kerényi meint, die Frauen seien schon immer begabter für das Visionäre gewesen als Männer. Er sieht das Wichtigste am Dionysoskult in der großen Bewegtheit, aus der heraus Visionen geboren werden können. Das wäre den Frauen viel eher gegeben. Deutlich zum Ausdruck kommt bei Euripides, daß bei diesen Vorgängen naturhafte seelische Energien frei werden, und zwar aus einem kultischen Geschehen heraus, das die Tiefe miterfaßt. Eine neue Ordnung wird gesetzt, zumindest für eine gewisse Zeit. Diese Frauen tanzen einfach aus der Ordnung heraus, sprengen mit ihrem Tanzen die Ordnung. Es wird deshalb (und wohl auch, weil man nicht wirklich wußte, was geschah) immer wieder betont, wie sündig sie sich mit diesem Ausbruch aus der Ordnung machten. Es sind unzählige Geschichten im Zusammenhang mit den Silenen überliefert, da soll es sehr orgiastisch und sexuell aufregend zugegangen sein. Wo ein Geheimnis ist, kann man immer leicht projizieren. Bei Euripides gibt es allerdings eine Stelle, wo ein Hirte berichtet, die Frauen lägen alle beieinander schlafend im Wald, züchtig, «nicht von Buhlern in Waldeseinsamkeit gelockt»[49]. Wenn das Dionysische die Menschen erfaßt, ist nicht nur Kraft, Vitalität, Bewegtheit, sondern es ist auch die alte Ordnung bedroht. Es könnte eine neue Ordnung aus der dionysischen Ergriffenheit hervorgehen, radikal, visionär – nicht nur solche ängstlichen Flickwerkveränderungen, wie sie bei Reformen üblich sind. Das ist das Gefährliche oder das Erfrischende, je nach Standpunkt.

Pentheus, der rechtmäßige König der Stadt Theben, die als Geburtsort des Dionysos gilt, ist gegen Dionysos eingestellt. Er versucht sogar, in Frauenkleider verkleidet, sich zu den Mänaden zu gesellen; er wird von der eigenen Mutter zerrissen. Übersetzt könnte das heißen: Entzieht man sich solch einem Rauschzustand, oder nähert man sich ihm «verkleidet», nicht in echter Ergriffenheit und Zustimmung, dann wird man verrückt. Wenn Dionysos da ist, wenn eine so starke Emotion da ist, dann muß man ihr nachgeben, sich ihr hingeben. Wenn die Inspiration, die Ekstase da ist, muß man sie in irgendeiner Weise aufnehmen, darstellen, allenfalls gestalten.

Allerdings unterscheidet auch Euripides zwischen echten und unechten Bacchantinnen: Die echten sind die, die wirklich ergriffen sind, die unechten sind die, die bloß schwärmen. Das ist auch bei uns heute noch so: Man kann von einer Emotion ergriffen sein oder man tut so, als wäre man es, schwärmt, hofft allenfalls, von ihr ergriffen zu werden.

Bei der Darstellung der Frauen, die um ein Dionysosidol tanzen, wird immer wieder diskutiert, ob diese Frauen bewegt oder starr seien; «bewegt» und «starr» sind zwei Wortfelder, die im Zusammenhang mit dem Dionysosmythos immer wieder aufkommen. Da gibt es einerseits den Parnassos mit dem Schnee und andererseits die Mänaden, die darauf tanzen. Dionysos ist der Gott des Todes, aber auch der Gott der Vegetation und des dichtesten Lebens, Symbol auch dafür, daß wir in der lebendigen Ekstase außerhalb unserer Grenzen sind, nicht mehr anwesend in der alltäglichen Ichpersönlichkeit – doch nach der Ekstase kann die Ichpersönlichkeit gewandelt wieder erlebbar werden.

Dionysos ist auch ein Gott der Masken. Da läßt sich die Verbindung zu unserer Fastnacht herstellen, dem vielleicht auch heute noch annähernd dionysischen Fest. In der Maske aus Feigenholz erscheint Dionysos als alter Verführer und in der Maske aus dem Holz des Weinstockes als junger Bräutigam. Ist der Gott abwesend, dann ist er in der Maske doch anwesend. Ziehen Menschen diese Masken an, dann versuchen sie, den Gott zu beschwören. Diese Maskenfeiern, auch unsere Fastnacht, leben vom Verwandlungsglauben und vom wilden Taumel. Das ist das Grundthema der Dionysosreligion: daß durch höchsten, intensivsten, körperlich wilden Taumel hindurch Verwandlungen möglich sind, Verwandlungen also nicht nur durch Vergeistigung, sondern durch äußerste Verleiblichung, durch die Ekstase des Körpers.
Durch die Identifikation mit Dionysos, dem Gott, sind die Frauen mit vitalen und kosmischen Kräften verbunden, die Seele und der Leib werden als unsterblich und göttlich erfahren, unzerstörbares Leben durch den Tod hindurch erahnt. Was passiert in diesen Mysterien? Die Frauen überschreiten hier die menschliche Bedingtheit: Totale Befreiung, Freiheit, Spontaneität, wie es sie sonst gar nicht gibt, ereignen sich[50]. Sie geraten in eine Symbiose mit der Natur und dem Kosmos. Es erfolgt also eine große Ausweitung ihres Ichs, und deshalb gehorchen sie auch den alten Gesetzen nicht mehr. Die alte Ordnung gilt nicht mehr, ist außer Kraft gesetzt. Gerade das kann für Frauen natürlich sehr wichtig sein.
Unter psychologischem Aspekt gesehen, könnte man diese Mänaden als «inflationiert» bezeichnen. Da diese Inflation aber innerhalb eines Mysteriums statt-

findet, ist sie in eine Struktur eingebunden, die sie nicht ausufern läßt, obwohl – nach Berichten zu urteilen – einige der dionysos-ergriffenen Frauen doch wahnsinnig geworden sein sollen. Allerdings bekommt man den Eindruck, daß letztlich eher die wahnsinnig werden könnten, die sich gegen Dionysos wehren, als die, die sich dem Dionysos hingeben. Man könnte in diesem Zusammenhang von einer Besessenheit sprechen oder, etwas vornehmer ausgedrückt, von der Identifikation mit transpersonalen Mächten. Anstelle des Ichkomplexes steht hier der Archetypus Dionysos. Die Dionysosmysterien waren explosive, für die Frauen wichtige Mysterien. Es muß berauschend gewesen sein, diese Lebendigkeit zu spüren, das Gefühl zu haben, an der Wandlung vom Unlebendigen zum Lebendigen beteiligt zu sein, den Totengott zum Leben erwecken zu können, und mit ihm sich selbst. Mit der Zeit wurde das den Männern zuviel. Der Athener Onomakritos versuchte, die archaische Bindung des Mysteriums an die Frauen zu lösen, und ließ dann auch Männer an diesem Mysterium teilhaben, aber doch noch in Frauenkleidern. Von da an geht jedoch die Lebendigkeit des Dionysoskults spürbar zurück – vielleicht war sie aber auch schon vorher zurückgegangen, denn die Zeit, in der innerhalb einer Kultur oder einer religiösen Bewegung Strukturen übernommen und ausgearbeitet werden, ist nie mehr die Zeit, in der Inspiration und Ekstase blühen.

Dionysos bewegte viele Menschen, und bewegt sie noch, denken wir an Kerényi, Otto, Nietzsche, usw. Nietzsche hat in seinem Buch «Die Geburt der Tragödie» beschrieben, wie das sich anfühlt, wenn Menschen vom Dionysos erfaßt sind:

«Entweder durch den Einfluß des narkotischen Getränkes, von dem alle ursprünglichen Menschen und Völker in Hymnen sprechen, oder bei dem gewaltigen, die ganze Natur lustvoll durchdringenden Nahen des Frühlings erwachen jene dionysischen Regungen, in deren Steigerung das Subjektive zu völliger Selbstvergessenheit hinschwindet. Auch im deutschen Mittelalter wälzten sich unter der gleichen dionysischen Gewalt immer wachsende Scharen, singend und tanzend, von Ort zu Ort: In diesen Sankt-Johann- und Sankt-Veittänzern erkennen wir die bacchischen Chöre der Griechen wieder, mit ihrer Vorgeschichte in Kleinasien, bis hin zu Babylon und den orgiastischen Sakäen. Es gibt Menschen, die, aus Mangel an Erfahrung oder aus Stumpfsinn, sich von solchen Erscheinungen wie von Volkskrankheiten spöttisch oder bedauernd im Gefühl der eigenen Gesundheit abwenden: die Armen ahnen freilich nicht, wie leichenfarbig und gespenstisch ebendiese ihre Gesundheit sich ausnimmt, wenn an ihnen das glühende Leben dionysischer Schwärmer vorüberbraust.
Unter dem Zauber des Dionysischen schließt sich nicht nur der Bund zwischen Mensch und Mensch wieder zusammen: auch die entfremdete, feindliche oder unterjochte Natur feiert wieder ihr Versöhnungsfest mit ihrem verlorenen Sohne, dem Menschen. [. . .] Man verwandele das Beethovensche Jubellied der Freude in ein Gemälde und bleibe mit seiner Einbildungskraft nicht zurück, wenn die Millionen schauervoll in den Staub sinken: so kann man sich dem Dionysischen nähern. Jetzt ist der Sklave freier Mann, jetzt zerbrechen alle die starren, feindseligen Abgrenzungen, die Not, Willkür oder freche Mode zwischen den Menschen festgesetzt haben. Jetzt, bei dem Evangelium der Weltenharmonie, fühlt sich jeder mit seinem Nächsten nicht nur vereinigt, versöhnt, verschmolzen, sondern eins, als ob der Schleier der Maja zerrissen wäre und nur noch in Fetzen vor dem geheimnisvollen Ur-Einen herumflattere. Singend und tanzend äußert sich der Mensch als Mitglied einer höheren Gemeinsamkeit: er hat das Gehen und das Sprechen verlernt

und ist auf dem Wege, tanzend in die Lüfte emporzufliegen. Aus seinen Gebärden spricht die Verzauberung.»[51]

Nach Nietzsche steigert die Wirkung des Erfaßtseins von Dionysos den Bund zwischen Mensch und Mensch, Grenzen werden aufgehoben, Standesunterschiede werden aufgehoben, Rivalität hört auf zu sein. Der Mensch wird aus der Vereinsamung herausgerissen.
Auch Plotin spricht über die Ekstase in dem Sinn, daß sie der Austritt aus der Individualität in den Verschmelzungsrausch wäre. Aber nicht nur Mensch und Mensch, sondern auch Mensch und Natur kommen in einen Einklang. Es geht nicht darum, daß der Mensch die Natur beherrscht oder die Natur den Menschen, sondern sie kommen in einen Einklang. Es geht überhaupt darum, daß die ganze Schöpfung eins wird, sich in einer Ureinheit findet, mit Jung ausgedrückt, im «Unus Mundus». Der Bann der Individuation wird also gesprengt, und ich zitiere nochmals Nietzsche:

«Unter dem mystischen Jubelruf des Dionysos wird der Bann der Individuation zersprengt und der Weg zu den Müttern des Seins, zu dem innersten Kern der Dinge liegt offen.»[52]

Dieses Einssein ist nicht Täuschung, was man sich in Anbetracht der Trunkenheit, die auch dazu gehört, vorstellen könnte, sondern es ist Offenbarung einer tieferen Wirklichkeit des Menschen. Es ist der Augenblick, der zur Ewigkeit wird, in dem sich Raum und Zeit verändern und der Mensch ganz offen für die Zukunft wird. In der Jungschen Begrifflichkeit würde man es so ausdrücken, daß hier das persönliche Selbst mit dem überpersönlichen Selbst und mit dem Unus Mundus verbunden wird[53], in der Sprache der indischen Mythologie, daß hier die Verbindung der Identität des persönlichen Atman mit dem überpersönlichen Atman geschieht.

Dionysos ist aber nicht nur erwünscht. Dieses Verschmelzen, dieses Aufgehen in einem größeren Ganzen, dieser Verlust der Individuation, den er mit sich bringt, bewirkt auch Angst und Abwehr. Im Drama der «Bakchen» von Euripides ist dies exemplarisch dargestellt: Pentheus, der gegen Dionysos kämpft und zum Schluß wahnsinnig wird.

Dem Dionysos steht Apollo gegenüber. Er, der die Individuation vergöttlicht, steht für das Einhalten der Grenzen des Individuums, für gutes Maß: Apollo ist eine Gottheit der Ethik. Auch er ein Gott der Weissagung, der Künste, der Musik, des Bogenschießens. Er bringt zwar das Übel in die Welt, doch zugleich die Möglichkeit zur Beseitigung des Übels. Obwohl er eigentlich ein Gott ist, der für Heiterkeit, Achtung vor dem Gesetz und göttliche Harmonie zuständig ist, ist er nicht frei von Rache, Eifersucht und Hinterlist. Angesichts dieser trotzdem eher ethischen Gottheit wirkt das Dionysische barbarisch. Allerdings ist nicht zu vergessen: Das Orakel zu Delphi, das von Apollo besetzt ist, wird im Winter, wenn Apollo abwesend ist, von Dionysos gehütet. Im Sommer kommt Apollo dann zurück.

Auch Apollo vermag zu inspirieren, auch er ist zuständig für Visionen, Einsicht, Meditation, Weisheit und Musik. Aber bei ihm ist alles losgelöst vom unmittelbaren Leben, von der Schwere des Lebens. Er vermittelt eine Ruhe und Heiterkeit, die geistige Konzentration impliziert. Das wichtigste Orakel, das zu Delphi je verkündet wurde, lautet: «Erkenne Dich selbst!» Das unmittelbar Kreatürliche fehlt dem Apollo und seinem Wirkungskreis. Hier ist Ekstase durch einen Gott zwar noch möglich, aber nicht mehr in der Gemeinschaft mit einem Gott. Nietzsche meint, daß der Gegensatz von Apollo und Dionysos notwendig sei, daß nur auf dem dionysischen Hintergrund Apollo verstanden werden könne, daß nur soviel Dionysisches ins Bewußtsein treten dürfe, als von der apollinischen Verklärungskraft wieder übernommen werden kann. Hier hätten wir wieder das Thema der Kontrolle oder das Thema der «anthropologischen Proportionen», von der Binswanger sprach.

Die Wirkung von Inspiration und Ekstase

Die Freude löst Selbstvertrauen aus, Akzeptanz von uns selbst und von der Welt; sie ist die Emotion des Sich-Öffnens, des Sich-Entgrenzens, des Sich-Transzendierens, die gesteigerte Vitalität mit sich bringt. Sie beruht auf einem stimmigen Erleben von Körper, Seele, Mitwelt und Umwelt, und zwar im Aspekt der Mehrung, offen für die Zukunft, vertrauensvoll. Wir müssen die Freude wahrnehmen, uns Zeit nehmen für sie, damit wir uns auf sie besinnen können. Wir sind wir selbst, sind bei uns, auch sogar dann, wenn wir außer uns sind. Es geht also um Ganzheit, um ein Sich-Öffnen des Ichs für das Selbst (im Jungschen Sinne), ohne daß das Ich sich dabei verliert. Wir bleiben wir selbst, das Ich ist aber geöffnet im Modus der durchlässigen Grenzen.

Die Freude wird oft dem Kindlichen zugeschrieben: Hinter der Emotion der Freude steht der Archetypus des «göttlichen Kindes»[54], ein mythologisches Motiv, das auf Hoffnung, auf Zukunft, auf Mehrung, auf Neuwerdung, schöpferische Gestaltung, Auseinandersetzung von Altem und Neuem hinweist, und immer auch mit Daseinsfreude verbunden ist.

Bei der Ekstase gibt es meines Erachtens zwei Erlebnisformen: Bei der mystischen Ekstase ist das Ich in einem absoluten Du aufgehoben; Texte von Teresa von Avila lassen erschließen, daß das Ich der Mystikerin in Gott ist, Gott aber auch in ihrem Ich[55]. Die Ekstase wird als entgrenzte, beglückende Erfahrung des Einsseins mit dem Ganzen beschrieben, aus der heraus das Ich Kraft und Impuls zum alltäglichen Handeln bezieht.
Die andere Form der Ekstase ist eher ängstigend: Ich bin erfaßt, ergriffen, besessen, vereinnahmter Teil eines Übermächtigen, als Ich verloren.
Ob die eine oder andere Erlebnisform erfahren wird, ist eine Frage der Ichstruktur und/oder der tragenden Umgebung. Die Möglichkeit des Sich-verloren-Fühlens in der Ekstase bewirkt die Angst vor der Ekstase. Diese kennen wir in kleinerem Ausmaß auch im sexuellen Erleben. Es gibt immer wieder Menschen, die klagen, daß sie beim sexuellen Akt nicht aufhören können, sich zu kontrollieren, daß dann aber natürlich die Ekstase nicht möglich ist. Das sind oft Menschen, deren Ichkomplex wenig kohärent, deren Ichstruktur schwach ist, die Angst haben, sich selbst zu verlieren.
Der Zusammenhang der Ekstasefähigkeit mit dem Ichkomplex und der Ichstruktur ist auch der Grund,

weshalb die Biographie der Inspiration und der Ekstase erst viel später einsetzen kann als die Biographie der Freude, nämlich erst bei gefestigtem Ich. Und heute vermag eine solche «Biographie der Inspiration und Ekstase» oft eher die Markierungspunkte der Sehnsucht nach entsprechenden Erfahrungen als solche Erfahrungen selbst festzuhalten, Sehnsüchte also nach Ekstase, nach Inspiration. Es mag damit zusammenhängen, daß durch das Wegfallen vieler kollektiver Rituale, vieler vorgegebener Normen und Gesetze auch der kollektive Anteil an der Strukturierung unseres Ichs wegfällt und deshalb, verbunden mit der größeren Freiheit, auch eine größere Verunsicherung vorhanden ist: möglicherweise eine der Ursachen für die vielen «narzißtischen Störungen», die es heute zu geben scheint, also auch Ursache für die Fragilität der Ichkomplexe, die Ekstase fürchten, aber auch ersehnen läßt. Diese Sehnsüchte sollten wir vielleicht zulassen, wenn wir schon die Ekstase nicht mehr recht zulassen können. Von der Ekstase erfaßt zu werden heißt nämlich, ergriffen zu werden, auch sich ergreifen zu lassen.

Solches Ergriffensein bedeutet, in eine Symbiose einzutreten, und ist damit der polare Gegensatz zu dem, was man Individuation nennt. Bei Mystikern und Mystikerinnen erfährt man immer wieder, daß sie eine Symbiose mit dem Göttlichen erlangen können und trotzdem – oder gerade deshalb – auch individuiert sind, sie leben einen guten Rhythmus zwischen Symbiose und Individuation. Je klarer die Ichgrenzen sind, je besser wir uns als Ich in unserem Selbsterleben und Handeln von anderen Menschen unterscheiden können, je mehr wir dadurch auch unser eigenes Leben

leben, desto weniger müssen wir auf unseren jeweiligen Ichgrenzen beharren, desto eher können sie auch immer wieder durchlässig werden.
Der Rhythmus zwischen Symbiose und Individuation ist nicht nur ein Thema der frühen Kindheit, sondern es ist ein Thema, das sich durch das ganze Leben hindurchzieht und verwirklicht. Wir wissen, daß die frühkindliche Symbiose sehr viele heilende Kräfte enthält und freisetzt. Es ist bestimmt eine unserer Tendenzen, diese heilenden Kräfte, die wir in ihr erfuhren, wieder erlebbar zu machen. Ich denke in diesem Zusammenhang an die Hapnotherapie[56], eine Therapieform, bei der durch körperliche Berührung versucht wird, die ursprüngliche Mutter-Kind-Symbiose, tendenziell sogar die innerhalb des Mutterleibes erlebte, wieder zu aktivieren, damit Heilungskräfte, neue Widerstandskräfte frei werden. Die gehobenen Stimmungen erlauben uns, auch symbiotisch sein zu können, uns auszuweiten in die Mitwelt der Menschen, in die Natur, vielleicht sogar in den Kosmos. Aber auch die umgekehrte Bewegung gilt: Durch das gute Selbstwertgefühl, das dabei entsteht, durch die Selbstakzeptanz, kann auch unser jeweiliger Ichkomplex kohärenter werden. Diese zunehmende Kohärenz ist Voraussetzung für unsere Individuation, für unsere Entwicklung zu unserer Eigenart, zu unserer Souveränität und zur bewußten Auseinandersetzung mit unserer eigenen Tiefe.
Im Vordergrund steht aber das Erlebnis der Symbiose, die in der Freude eher mit anderen Menschen, mit der Mitwelt um sich herum erfahren wird, bei der Ekstase auch als Symbiose mit der Natur, dem Kosmos, mit dem, was man dann für sich als «göttlich» bezeichnet.

Wo spielt Dionysos eigentlich heute noch eine Rolle außer in Trinkgelagen und Sexorgien, die alle unter dem «barbarischen Dionysos» abgehandelt werden müßten? Dionysos hat all jene, die über ihn geschrieben haben, zu ergreifen vermocht, hat sie erfaßt mit Freude, mit Schwung, mit Vitalität, mit Hoffnung auf die Unzerstörbarkeit des Lebens. Dionysos spielt aber auch in Träumen heute eine Rolle, wobei er selten ausdrücklich als Dionysos auftritt. Es gibt Bildfelder, die zusammen dionysisch wirken. Der Traum einer 39jährigen Frau kann dies verdeutlichen:

»Auf einer Wiese fassen sich viele Frauen an und bilden einen großen Kreis. Es soll ein Ritual geben. Ich höre Trommeln, das geht mir in den Körper. Der Kreis bleibt an einer Stelle offen. Ich ärgere mich. Wissen diese Leute denn nicht, daß dies alles stört? Ich bin in einer Beiz (Kneipe), erzähle aufgebracht, daß diese Leute keinen Sinn für Ekstase hätten. Ich bin wütend, rede mich in eine Wut hinein, trinke schnell einen Wein, bin aufgebracht zum Aus-der-Haut-Fahren. Ich rede auf einen fremdländisch aussehenden Mann ein: langes gelocktes Haar, glühende Augen. Während ich rede, meine ich zu tanzen. Neben ihm ist ein Mann, der ein wenig dem Teufel gleicht (Hörner, Geißbart). Ich spüre eine ungeheure Kraft. Jetzt könnte ich den Kreis schließen. Der Mann sagt: ‹Die Öffnung im Kreis war doch für mich und mein Schiff›. Ich denke, der ist betrunken. Ich erwache sehr angeregt, sehr vitalisiert, habe Lust, aus allem auszubrechen, das mich bis jetzt eingeengt hat, verstehe gar nicht, warum ich immer so ängstlich

bin und darauf bedacht, was die Umwelt von mir denkt. Ich habe eine wahnsinnige Lust, alles umzukrempeln.»

Diese 39jährige Frau hat sicher schon einmal von Dionysos gehört, weiß aber mit an Sicherheit grenzender Wahrscheinlichkeit nicht, daß Dionysos normalerweise mit einem Schiff erscheint. Deshalb hat sie auch den Eindruck, daß der Mann betrunken sei, der davon spricht. Sie sieht keinen Zusammenhang. Es sind in diesem Traum viele Bildfelder, die als Ganzes dionysisch wirken: Die vielen Frauen, die sich zu einem großen Kreis formen – das ist möglicherweise die Anrufung des Dionysos, es könnte aber auch eine andere Gottheit angerufen werden. Trommeln gehören zur Anrufung, der Tanz. Jetzt kommt die erste Behinderung: Der Kreis ist nicht geschlossen, die Verbindung zu den anderen Menschen ist nicht durchgehend. Der Traum wird jetzt viel wirklichkeitsnäher. Die Träumerin kommt in eine Kneipe, spricht über Ekstase, ist wütend, redet sich in eine Wut hinein, trinkt den Wein, ist so aufgebracht, daß sie aus der Haut fahren könnte. Das Dionysische hat sie eigentlich schon voll erfaßt. Da ist dann auch diese fremdländische Gestalt – in der Jungschen Terminologie würden wir von einer Animusgestalt[57] sprechen – faszinierend, fremd, der Mann mit dem langen gelockten Haar, den glühenden Augen. Dann kommt wieder das Tanzen auf. Auch die Verbindung von Dionysos zum Teufel ist sehr naheliegend, denn Dionysos wurde später in christlicher Zeit sehr leicht und sehr oft zu einem Teufel umgedeutet.
Wesentlich scheint mir auch die Wirkung des Traums zu sein. Ähnlich den Mänaden hat die Träumerin den Eindruck, sie könnte doch einmal alles, was sie so

ängstlich an Strukturen festhält, hinter sich lassen und wirklich etwas Neues in ihr Leben hineinbringen. Dieser Traum klang lange in der Träumerin nach und bewirkte viel Veränderung in ihrem Leben, vor allem ließ er eine große Sehnsucht nach Ekstase in ihr zurück.

Hoffnung

Zum Begriff Hoffnung

Hoffnung ist die Emotion, auf der alle gehobenen Emotionen gründen. Sie ist aber auch eine verhältnismäßig unanschauliche Emotion, deshalb habe ich mich ihr von der Freude her genähert. In diesem Zusammenhang bedenke ich das Emotionsfeld Erwartung, Sehnsucht und Hoffnung. Es ist klar geworden, daß bei den Emotionen der Freude, der Inspiration, des Glücks und der Ekstase deutlich die Gegenwart betont wird, der Augenblick, an den man sich hinterher erinnern kann, der Augenblick im Aspekt der Stimmigkeit: daß wir bei diesen Emotionen das Gefühl haben, wir seien stimmig mit uns und mit der Welt, und dazu freudig, weil ja ein Mehr erlebt wird, mehr als zu erwarten gewesen wäre, wenn etwas Unverhofftes in unser Leben kommt. Die Zukunft leuchtet dabei am Horizont auf. Die Zukunft spielt bei der Erwartung und der Hoffnung die zentrale Rolle; die Hoffnung ist die gehobene Emotion in bezug auf die Zukunft.
Die relativ unanschauliche Emotion der Hoffnung können wir zunächst am ehesten aus ihrer Abwesenheit ableiten, wenn sie fehlt, wenn wir uns also hoffnungslos fühlen. Sehnsucht zum Beispiel ist ein Gefühl, das wir noch leichter beschreiben können als Hoffnung, vielleicht nicht unbedingt in präzisen Ausdrücken, aber das «Gefühl des Ziehens» bei der Sehnsucht ist doch wahrscheinlich jedem und jeder ein

Stück weit bekannt, das Gefühl des Gezogenwerdens in die Ferne, auf Bestimmtes oder noch Unbestimmtes, allenfalls stimmungsmäßig Getöntes hin. Hoffnung ist dem gegenüber ein sehr viel leiseres Gefühl, aber nicht weniger wichtig. Von Hoffnung spricht man, wenn es sich um eine unbestimmte Ausrichtung auf das Bessere handelt. Dieses Bessere kann relativ nah sein, aber auch weit entfernt, reicht bis hin zu den Jenseitshoffnungen, die das Bessere erst im Jenseits wähnen. Von Hoffnung sprechen wir also dann, wenn sich unser Leben auf eine sich noch nicht klar abzeichnende, aber erahnbare Dimension ausrichtet. Inspiration entsteht, wenn die Vision schon ergreifbar ist. Die Hoffnung bezieht dagegen ihre Autorität wirklich aus einer Vision, die in ihrem Inhalt noch verdeckt ist, die wir vorerst nur ahnen oder auf die uns einzulassen wir riskieren. Man wendet sich sozusagen einem Licht zu, das noch nicht sichtbar ist, von dem man aber den Eindruck hat, es müsse existieren.

Die Hoffnung wird als tragender emotionaler Grund des Menschen beschrieben. Wir finden diese Vorstellung vor allem bei Gabriel Marcel[58], bei Otto Friedrich Bollnow[59] und Philipp Lersch[60]. Hoffnung ist eine der Emotionen, die auf die Zukunft gerichtet sind, Angst eine andere. Die Hoffnung ist sozusagen der Gegenpol der Angst. Die Hoffnung hat damit zu tun, daß wir nicht nur sind, immer auch schon Gewordene sind, sondern daß wir immer auch noch Werdende sind; das Leben hat immer diese Zukunftsdimension, solange wir leben. Das kann uns Angst machen oder auch mit Hoffnung erfüllen, Hoffnung gibt normalerweise Trost. Wenn ich sage: «Ich kann wieder hoffen», dann heißt das auch: «Ich bin getröstet, weil ich irgendwo in der Zukunft etwas Besseres ahne.» Hoffnung kann uns auch beflügeln, kann uns Antrieb und Auftrieb geben. Dennoch treibt Hoffnung uns nicht in der gleichen Weise an wie es eine Inspiration oder eine Ekstase täte, aber sie gibt uns dafür ein gewisses Geborgenheitsgefühl. Es ist die Hauptfunktion der Hoffnung, uns Geborgenheit im Leben zu geben. Sie transzendiert also das Jetzt und Hier ganz deutlich. In der Hoffnung hoffen wir gerade auch auf das Unverhoffte. Sie ermöglicht sozusagen ein Vertrauen in die Zukunft wider besseres Wissen, auch wider alle Vernunft. Die Hoffnung ist nicht vernünftig, sondern sie ist risikofreudig, bezieht sich auf schöpferische Veränderungsmöglichkeiten zu einem Besseren hin.

Es gibt verschiedene Interpretationsmöglichkeiten der Hoffnung. Eine von ihnen, zu der unter anderem auch Lersch neigt, ist die folgende: Ein Mensch kann gar nicht ohne Hoffnung sein. Hoffnung gehört zum menschlichen Leben, sie ist Ausdruck des Lebendigseins, Ausdruck des Lebenswillens, der nach dieser Interpretation auch nie ganz abwesend sein kann. Es ist gar nicht anders möglich, als daß der Mensch hofft. Argumentiert wird in diesem Zusammenhang etwa mit Plügges These[61], die behauptet, daß sogar der Mensch, der Suizid begehe, dies auch aus einer Hoffnung heraus tue, aus der Hoffnung, daß der Tod besser sei als das Leben. Von dieser Hoffnung auf das Bessere im Tod könne der Mensch sich gar nicht distanzieren. Er könne sie verleugnen, aber sie gehöre doch zum Leben. Diese Sicht wird gestützt durch solche Menschen, die, obgleich sie in sehr schwierigen Lebenssituationen sind, doch glaubhaft vertreten, irgendwann müsse es wieder besser gehen; oder auch durch solche, die, obwohl sie sterbenskrank sind, doch behaupten, irgendwie werde es doch besser. Solche Hoffnungen gegen allen Augenschein vertreten nicht nur Menschen, die eine sehr klare Jenseitsutopie haben, sondern auch diejenigen, die überzeugt davon sind, daß der Tod das endgültige Ende bedeute. Und trotzdem sagen sie: «Es wird besser, oder ich hoffe, daß es noch besser wird.» Das kann als Zeichen dafür gewertet werden, daß wir auf das Bessere hin orientiert sind, also hoffen.

Die Tiefenpsychologie beschreibt die Hoffnung sehr oft als den Ausdruck des Vertrauens eines Menschen ins Leben: Hat jemand Urvertrauen[62], dann hat er oder sie auch jeweils mehr Hoffnung, hat jemand kein Urvertrauen, dann hat er oder sie weniger Hoffnung. Die Hoffnung hängt so besehen damit zusammen, wie tragend die Elternkomplexe waren. Diese Rückerinnerung der Hoffnung auf das Urvertrauen liefert eine weitere Erklärung. Alle diese Erklärungsversuche greifen aber wahrscheinlich zu kurz.

Eine andere tiefenpsychologische Erklärung der Hoffnung ist: Da wir Menschen immer eine Vision von unserem Leben, unserer noch unbewußten Ganzheit haben, da wir unbewußt wissen, wohin wir gehen, können wir im Grunde genommen auch hoffen. Diese Idee, daß wir uns im Unbewußten voraus sind, daß wir von dort her Grund zum Hoffen haben, drückt sich in der Jungschen Psychologie beispielsweise in der Definition des Selbst aus, das als «Grund und Ursprung der individuellen Persönlichkeit» begriffen wird und diese «in Vergangenheit, Gegenwart und Zukunft umfaßt»[63]. Daß der ganze Individuationsprozeß unbewußt in uns angelegt ist, kann deshalb auch als verdeckte Vision und als Sehnsucht erlebbar sein.

Mehr religiös motivierte Denker wie etwa Gabriel Marcel bezeichneten Hoffnung als Gnade und betonen, daß sie geschenkt ist. Weniger religiös geprägte Menschen wie etwa Ernst Bloch sagen: Hoffnung könne gelernt werden. In seinem Buch «Das Prinzip Hoffnung» schreibt er im Vorwort: «Es kommt darauf an, das Hoffen zu lernen.»[64]. Er wendet sich deutlich dagegen, daß man immer ausziehe, das Fürchten zu lernen, es sei jetzt an der Zeit, sich aufzumachen, das Hoffen zu lernen. Es ist eine sehr provozierende Aussage, daß man Hoffnung lernen könne, noch provozierender allerdings, daß man Hoffen sogar lehren könne. Und lehren und lernen soll man sie, um der Angst zu begegnen und das Leben menschenwürdiger leben zu können.
Dies alles sind verschiedene Versuche, die Existenz der Hoffnung zu belegen, zu begründen. Es gibt aber noch eine ganz andere Perspektive, Hoffnung zu bestimmen, nämlich Hoffnung als die Möglichkeit, dem Leben auszuweichen: Hoffnung ist in dieser Sicht nichts anderes als eine Illusion, keine Vision (Camus). Menschen seien einfach so dumm, daß sie wider besseres Wissen sich doch das Bessere imaginieren. Als Therapeutin ist man sofort dazu herausgefordert, bei dieser Sicht heftigst zu widersprechen: Wenn Menschen auch in einer sehr schlechten Situation wenigstens noch die Vision von etwas Besserem hätten, wären sie noch nicht ganz verloren. Philosophisch gesehen muß man allerdings auch diesen Aspekt bedenken: Ist Hoffnung nur eine Illusion oder wirklich eine Vision dessen, was sein könnte, was ins Leben treten kann?
Faßt man verallgemeinernd zusammen, was über die

Hoffnung geschrieben worden ist, dann eröffnen sich zwei Perspektiven[65]: Die eine besagt, daß man ohne Hoffnung nicht leben könne. Sie sei die Grundgeborgenheit des Menschen. Aus der Hoffnung heraus nährten sich alle gehobenen Gefühle. Die andere Perspektive dagegen verdächtigt die Hoffnung, eine billige Flucht zu ermöglichen. Wenn wir uns nur auf die Hoffnung verließen, gefährdeten wir das Jetzt und Hier. Das handelnde, tätige Leben würde dann unwichtig. Die Folge wäre, daß wir die realen Freuden nicht mehr wahrnehmen, sondern nebulös auf irgendetwas hoffen. Es stellt sich die Frage, ob letztere Perspektive wirklich die Hoffnung in ihrem Wesen erfassen kann. Zu diesem Gegensatz in der Auffassung von Hoffnung – beste Geborgenheit im Leben bzw. billigste Flucht – möchte ich ein paar Sätze von Bloch aus seinem Vorwort zu «Das Prinzip Hoffnung» vorlegen:

»Es kommt darauf an, das Hoffen zu lernen. Seine Arbeit entsagt nicht, sie ist ins Gelingen verliebt statt ins Scheitern. Hoffen, über dem Fürchten gelegen, ist weder passiv wie dieses, noch gar in ein Nichts gesperrt. Der Affekt des Hoffens geht aus sich heraus, macht die Menschen weit, statt sie zu verengen. [...] Die Arbeit dieses Affekts verlangt Menschen, die sich ins Werdende tätig hineinwerfen, zu dem sie selber gehören. Sie erträgt kein Hundeleben, das sich ins Seiende nur passiv geworfen fühlt, in undurchschautes, gar jämmerlich anerkanntes. [...] Wie reich wurde allzeit davon geträumt, vom besseren Leben geträumt, das möglich wäre. Das Leben aller Menschen ist von Tagträumen durchzogen, darin ist ein Teil lediglich schale, auch entnervende Flucht, auch Beute für Betrüger, aber ein anderer Teil reizt auf, läßt mit dem schlecht Vorhandenen sich nicht abfinden, läßt eben nicht entsagen. Dieser andere Teil hat das Hoffen im Kern, und er ist lehrbar.»[66]

Bloch sieht die Hoffnung im Tagtraum, in der Phantasie, in der Imagination am Werk. Mit der Phantasie und der Imagination holen wir immer die Zukunft in die Gegenwart. Er sagt sehr deutlich: Es kann eine schale entnervende Flucht sein, aber auch das Rohmaterial für eine bessere Lebenssituation. Dieses Besserwerden hat damit zu tun, daß wir in der Hoffnung nicht nur das Leben ansehen, wie es ist, sondern daß wir es verändern wollen. Wie die Dinge werden könnten, sehen wir in der Imagination. Wir können aber zunächst nicht wissen, ob unsere Imagination Flucht ist oder Kern für eine neue Wahrheit und eine Wirklichkeit. Den Unterschied kann man aber in der Erfahrung der Imagination bei sich selber gut feststellen: Beruhigt uns eine Imagination ausschließlich, regt sie nicht auch an, sich selber oder etwas in der Außenwelt zu verändern, führt sie uns nicht in die Position des Handelns zurück, dann sollte sie daraufhin befragt werden, ob sie eine Flucht war. Man hat natürlich auch das Recht, ab und zu zu fliehen.

Die Idee, daß die Hoffnung eine Flucht sei, eine Ausflucht, daß wir in die Hoffnung fliehen, wenn wir uns vom Leben drücken wollen, ist sehr deutlich ausgeprägt im französischen Existentialismus, vor allem auch bei Albert Camus in seinem Buch «Der Mythos von Sisyphos»[67], das 1942 herausgekommen ist. Man muß den französischen Existentialismus auch in seiner Zeit sehen, in der es angesichts der deutschen Besatzung in Frankreich um «aktives Handeln», zum Beispiel in der Résistance, ging und nicht um eine vage passive Hoffnung auf eine bessere Zukunft oder gar auf ein Jenseits. In diesem Zusammenhang steht der Satz: «Das typische Ausweichen, das tödliche Ausweichen [. . .], das ist die Hoffnung»[68], der von Camus spezifiziert wird:

> «Die Hoffnung auf ein anderes Leben, das man sich ‹verdienen› muß, oder die Betrügerei derer, die nicht für das Leben an sich leben, sondern für irgendeine große Idee, die über das Leben hinausreicht, es erhöht, ihm einen Sinn gibt und es verrät.»[69]

Es geht nicht darum, ob Camus grundsätzlich recht hat mit dieser kritischen Sicht der Hoffnung. Diese Denkströmung hatte jedenfalls einen großen Einfluß in Europa und bewirkte, daß in den fünfziger und sechziger Jahren die Bücher über die Hoffnung geradezu aus dem Boden schossen. Camus vertrat eine so einseitige Position, daß diese offensichtlich eine Erwiderung und eine komplexe Diskussion brauchte. Im Jahre 1942 – herausgefordert durch die politische Zeitsituation – gab Camus den «Mythos des Sisyphos» heraus mit der Botschaft: «Hoffnung ist ein tödliches Ausweichen.» Ebenfalls in Paris und unter der gleichen Zeitsituation stehend, hat Gabriel Marcel im Jahre 1943 eine «Philosophie der Hoffnung» herausgegeben mit der Aussage: «Ohne Hoffnung kann der Mensch nicht leben.» Was ist die Maxime von Camus? Man habe das Leben zu leben, und zwar jetzt und hier, ohne Rücksicht darauf, ob jemand bestätigt, daß es gut sei oder nicht. Leben muß gelebt werden, nicht im Jenseits, nicht in der Perspektive auf einen Sperrsitz im Himmel. Dieses Leben will hier gelebt werden: aktiv, tätig, entschlossen. Man muß die Herausforderungen annehmen, die sich einem stellen und Aug in Auge stehen mit allem, was in der Welt ist, letztlich mit unserer absurden Situation

als Menschen. Er sieht den Menschen ja als absurden Helden. Das heißt auch: Das Ausmaß seiner unseligen Lage müsse der illusionslose Mensch erkennen.
Dieses Aug-in-Aug-Stehen mit der Welt ist einerseits eine Herausforderung und andererseits ein Hinweis: Menschen müssen wach sein, auch wenn es nichts bringt außer diesem Wachsein selbst. Symbol dafür ist Sisyphos, deshalb benennt Camus sein Buch «Der Mythos von Sisyphos». Camus benützt dabei nur den zweiten Teil des Sisyphosmythos, in dem Sisyphos einen Stein den Berg hinaufschiebt, ohne Aussicht auf Erfolg, weil der Stein immer, kurz bevor er oben ist, wieder ins Tal hinunterspringt. Sisyphos holt ihn erneut, schiebt ihn wieder empor, unter Aufbietung der äußersten Kräfte, dabei bekommt der Stein wieder eine Überschwere – und poltert zurück ins Tal. Camus interpretiert: Sisyphos hat keine Aussicht auf Erfolg, aber er ist auch nicht verzweifelt. So setzt er die Götter, die ihn ja eigentlich bestraft haben – das Schieben des Steines ist eine Strafe – außer Kraft. Die Grundaussage dahinter: Wenn wir unser Schicksal aktiv bejahen und einfach das tun, was im Moment zu tun ist, dann hat das Leben doch einen Sinn. Diese Einsicht formuliert Camus in dem für ihn zentralen Satz: «Der Kampf gegen Gipfel vermag ein Menschenherz auszufüllen, wir müssen uns Sisyphos als einen glücklichen Menschen vorstellen.»[70] Das ist ein Satz, über den schon sehr viel nachgedacht wurde.
Jean Paul Sartre[71] würde sagen: Was im Leben zählt, ist der absolute Einsatz. Man kann nicht damit rechnen, daß man irgendwie einmal dafür belohnt wird oder daß es sogar besser wird. Die großen französischen Existentialisten argumentieren gegen die Hoff-

nung zugunsten des «absoluten Einsatzes», auch wo keine Hoffnung auf Erfolg und Anerkennung besteht. Sartre würde aber nie von solch einem absurden Helden verlangen, daß er auch noch glücklich ist. Das ist neu bei Camus: Nicht nur keinen Erfolg zu haben, muß man als Mensch aushalten – der Mißerfolg ist einem eh sicher –, sondern auch glücklich gestimmt soll man dabei noch sein. Das Spannende und das Paradoxe an dieser Philosophie ist, daß gerade durch das Ablehnen aller Visionen, aller Glückskonstruktionen eine verdeckte Hoffnung zum Tragen kommt, eine absolute, bildlose Hoffnung. In diesem Trotzdem-weiter-Machen – trotz dieser *condition humaine* –, obwohl keine Aussicht auf Erfolg besteht, wird eine verdeckte Hoffnung freigelegt: Das Gefühl, es gehe trotz allem doch weiter[72].

Camus kämpft im Grunde genommen gegen die Verfallsformen der Hoffnung an, letztlich wendet er sich gar nicht gegen die Hoffnung, obwohl er das Wort braucht, sondern gegen die Erwartung. Wogegen kämpft er?

Camus fordert ja dazu auf, wach im Leben zu stehen. Wir kennen im Blick auf das Hoffen die beiden Ausdrücke: «Ich hoffe» und «Ich hoffe, daß . . .» Wenn wir sagen: «Ich hoffe, daß . . .» werden wir sehr oft nebulös, wir hoffen dann nicht unbedingt mit ganzem Herzen und ganzer Seele. Wir erwarten eben etwas. Dagegen wehrt sich Camus: Nicht irgendeine nebulöse Hoffnung sollen wir haben, sondern wach sehen, welches die Probleme sind und wie sie angegangen werden können. Weiter wendet sich Camus gegen das Sich-vertreten-Lassen. Er betont: Mein Stein ist meine Sache. Mein Schicksal ist meine Sache. Sich darin nicht

vertreten zu lassen, ist die Würde des Sisyphos. Camus wendet sich dagegen, daß man sich hinter Pech, hinter Vater und Mutter, hinter dem politischen Regime, hinter der Umwelt versteckt als Entschuldigung dafür, daß man nicht das Lebensnotwendige tut. Gegen jedes Sich-vertreten-Lassen in den eigenen Verantwortlichkeiten wendet er sich: Mein Leben ist meine Sache. Ich habe dafür einzustehen. Aus dieser Haltung heraus folgt, daß Eigengestaltung, Eigenverantwortung, Souveränität gefordert wird. Es gibt niemanden, der mir sagen könnte, was wirklich letztlich gültig ist. Ich muß auf der Seite des Risikos leben, dann lebe ich.
Was eigentlich das Problematische an dieser Haltung ist, kann man am Helden Sisyphos festmachen, besonders wenn man wie Camus nur den zweiten Teil seines Mythos betrachtet: Sisyphos ist ein einsamer, stolzer, vielleicht sogar autistischer Held, er ist ganz allein. Er ist ein Held, der ganz vom Primat des Bewußtseins ausgeht: Ich kann, was ich will. Mir muß niemand helfen. Es ist auch niemand da, der helfen könnte, auch niemand, der bewundert. Sisyphos ist kein narzißtischer Held, er stemmt seinen Stein ohne Zuschauer. Das Prinzip der Beziehung aber ist in diesem existenzialistischen Denkansatz nicht vorhanden. Es gibt hier keine Beziehung, denn innerhalb einer Beziehung müßten wir wohl wieder etwas riskieren, wofür wir eigentlich nicht allein einstehen können. Es gibt auch nichts, was uns geschenkt wird im Leben, wir müssen für alles hart arbeiten. Da sind wenig Orte für Freude. Camus setzt alle Autoritäten außer Gefecht, dafür wird das Ich zur Autorität.
Dieses Kämpfen im Gefolge von Camus gegen eine vernebelnde Hoffnung ist lebensgeschichtlich dann

wichtig, wenn sich der Ichkomplex aus den Elternkomplexen herausentwickeln muß – besonders in der Adoleszenz –, aber immer auch dann, wenn in unserem Leben ein Bedürfnis nach mehr Autonomie – Autonomie, nicht Autismus – und nach Souveränität da ist. Fühlen wir uns von Autoritätskomplexen bedroht, so kann uns die Lektüre von Camus das Gefühl für Eigenverantwortlichkeit geben: Niemand frißt für mich aus, was ich mir eingebrockt habe. Da ich nachher doch für alles selbst die Verantwortung übernehmen muß, kann ich auch tun, was mir entspricht. Das ist die Revolte, die in uns aufbricht. Diese Revolte kann zur Gewinnung der Autonomie und Souveränität sehr wichtig sein. Aber Autonomie kann sehr leicht zu Autismus werden und kann uns von den Beziehungen abbringen, auch wegziehen von einem tragenden Grund.
Der Existentialismus ist meines Erachtens deutlich auch gegen die Tiefenpsychologie konzipiert. Es gab und gibt Strömungen in der Tiefenpsychologie, die die Notwendigkeit der Regression überbetonen und verherrlichen. Man soll dann im therapeutischen Prozeß einfach warten, bis etwas passiert. Manchmal kann man sehr lange warten, weil nichts passiert. Das aktive Warten, bei dem man den Menschen eine Möglichkeit gibt, den schöpferischen Impuls aus dem Unbewußten zu entbergen, auf den man geduldig und erwartungsvoll hofft, wird noch immer gelegentlich mit dem passiven Warten, mit einem Sich-treiben-Lassen verwechselt. Da wird dann nichts entschieden, weil man auch nichts in die Verantwortlichkeit des Ichs nehmen will. Gegen solches passives, verantwortungsscheues Verhalten ist dieses existentialistische Handeln im Jetzt auch konzipiert. Natürlich steht es vor allem auch ge-

gen die Verantwortungsscheu in der Besatzungssituation, gegen dieses untätige Warten, bis «es» besser werden könnte. Camus gehörte der Résistance an: Dies war seine politische Konsequenz aus der Forderung nach dem autonomen Handeln im Jetzt und Hier. Allein im «Jetzt und Hier» zu handeln, genügt jedoch auch noch nicht, weil dabei die Dimension von Zukunft zu wenig ins Blickfeld kommt. Auf den französischen Existentialismus gab es, wie schon erwähnt, eine heftige Reaktion mit zahlreichen Veröffentlichungen, die das Thema der Hoffnung und in diesem Zusammenhang auch die Frage nach einer neuen Geborgenheit umkreisen. Die Hoffnung außer Kraft zu setzen, meint Bollnow, hieße auch, die Geborgenheit im Leben außer Kraft zu setzen[73].

Was im französischen Existentialismus uns entgegentritt, ist außerordentlich wichtig gegen jedes Sich-Versitzen in der Regression, gegen jede Tendenz der Vernebelung, gegen jede Autoritätsgläubigkeit. Dabei hat er nichts von seiner Gültigkeit und Aktualität verloren. Aber er erfaßt nicht das Ganze des Lebens und der möglichen Lebenssituation. Die Mythologie, die die Grundsituationen des Lebens spiegelt, besteht noch aus anderen Mythologemen als nur aus dem des Sisyphos.

Wenn die Hoffnung als Illusion bezeichnet wird wie bei Camus, hat das nicht so sehr mit der Hoffnung zu tun, sondern mehr mit der Erwartung. Erwartung und Hoffnung beziehen sich beide auf die Zukunft. Die Erwartung ist sehr viel klarer – wir erwarten etwas Bestimmtes –, Erwartung hat einen Inhalt. Hoffnung hat meistens keinen festumrissenen Inhalt, je eigentlicher die Hoffnung wird, um so weniger hat sie einen Inhalt.

In der Erwartung ist immer auch Hoffnung, vor allem aber auch Sehnsucht. Wir haben das Thema von Erwartung und Sehnsucht schon bei der Erläuterung der Vorfreude kurz angesprochen. Die Vorfreude ist die einzige Freude, die mit einem recht großen Risiko einhergeht, weil sie sich nicht an etwas festmacht, das wir gerade erleben oder schon erlebt haben, sondern sich zum großen Teil aus der Imagination von etwas, was hoffentlich eintreffen wird, speist. In der Vorstellung ist dabei das, was etwa konkreterweise zu erwarten ist, stark durchsetzt von unserer Sehnsucht, unseren unbewußten Wünschen. Die Menschen, die immer so enttäuscht sind, wenn ein Ereignis mit der Vorfreude nicht Schritt halten konnte – Erwartung und Enttäuschung gehören zusammen –, sind es meistens deshalb, weil sie sich in der Vorfreude mehr der Sehnsucht als der Realität überlassen haben, mehr von sich selbst ausgegangen sind als von dem Zusammenwirken ihrer eigenen Impulse und Wünsche mit denen der anderen, aus dem die realen Situationen dann erst entstehen.

Die Erwartung

Erwartungen strukturieren sehr stark die Zeitdimension der Zukunft. Zukunft erfüllt uns nicht nur mit Hoffnung, sie erfüllt uns im wesentlichen mit Angst. Alles, was so offen ist oder unstrukturiert, vermittelt uns ein Gefühl der Unsicherheit. Mit unseren Erwartungen richten wir uns zwar auf die offene Zukunft aus, aber wir wissen eigentlich schon ziemlich genau, wie es werden sollte, wir versuchen Strukturen an die Offenheit anzulegen.

Haben wir einen Tag vor uns, der ganz ohne Pflichten ist, dann setzen die Erwartungen an diesen Tag ein: Was soll er uns bringen? Wir sind dann sehr bald nicht mehr der Situation ausgesetzt, daß alles möglich ist.
So verhalten wir uns auch dem Leben gegenüber: Wenn wir spüren, daß wir in einer offenen Lebenssituation sind, etwas, das wir uns einerseits sehr wünschen, da ängstigen wir wir uns doch bald dabei und strukturieren das Leben mit Erwartungen. Wenn wir zum Beispiel wissen, daß wir an einem bestimmten Tag eine Prüfung machen wollen, dann wird diese Erwartung bereits unser ganzes Leben bis dahin bestimmen; oder wenn wir auf eine Begegnung hinleben, dann haben wir in dieser Zeit für nichts anderes mehr Gedanken und Kraft. Wir sind ganz auf diese Erwartung bezogen. Das ist auch der Grund, weshalb wir jeweils so sehr enttäuscht sind, wenn etwas nicht ganz so eintrifft, wie wir es uns vorgestellt haben. Weil wir jeweils so konzentriert waren, so gespannt auf etwas, weil sich unser ganzes psychisches Leben darauf ausrichtete, fühlen wir uns leer, wenn wir enttäuscht werden, wir haben dann nichts mehr, worauf unser Leben gerichtet ist: Wir müssen uns zuerst wieder richten, ein-richten, bevor wir uns auf etwas Neues einstellen können. Diese jeweilige Leere kann zwar beunruhigend sein, aber sie ist notwendig als Voraussetzung für eine Neuorientierung.
Es gibt Menschen, die ihre Erwartungen recht nahe an dem ausrichten können, was wirklich zu erwarten ist. Aber oft spielen bei den Erwartungen unsere Sehnsüchte eine zu große Rolle. Dann sind wir noch leichter enttäuschbar. Unsere Sehnsüchte äußern sich meistens in den Wünschen. Sehnsucht ist die Emotion, die

sich in den Wünschen konkretisiert. Unsere Sehnsüchte sind Projektionen unseres Unbewußten: Was im Moment gelebt werden müßte, was im Moment gelebt werden möchte, was belebt ist im Unbewußten, das äußert sich in Wünschen. Die Heftigkeit der Sehnsucht, diesen Wunsch uns auch zu erfüllen, zeigt uns zugleich, wie notwendig wir das Ersehnte brauchen, um uns wieder «ganz» zu fühlen, um uns gut zu fühlen. Sehnsucht hat damit zu tun, daß wir auf die Zukunft hinleben, und damit, daß uns immer auch irgend etwas fehlt in unserem Leben, daß immer noch etwas aussteht, das wir nur in den Sehnsüchten sehen. Diese Sehnsüchte nun verschwistern sich leicht mit den Erwartungen. Nur wenige Menschen können sich einfach ihren Sehnsüchten hingeben. So bleiben diese Sehnsüchte unbewußt und machen sich statt dessen an den Erwartungen fest. Wir überlegen dann zum Beispiel, was jetzt wichtig wäre in unserem Leben, was zu entscheiden wäre, was uns bevorstehen könnte, was in der Zukunft geschehen müßte. Würden wir unsere Phantasien mehr beachten, fiele uns auf, daß viele Sehnsüchte die «vernünftigen» Erwartungen begleiten und daß sie uns auch eher unrealistisch werden lassen, gerade auch in bezug auf Mitmenschen. Da wir uns unserer Sehnsüchte aber normalerweise nicht bewußt sind, müssen wir zuerst enttäuscht werden, leer werden, im besten Fall Sehnsucht und Erwartung voneinander trennen, damit wir uns realistischer mit dem Leben und anderen Menschen auseinandersetzen können.
In der Erwartung ist immer auch Sehnsucht. Sehnsucht ist der Hoffnung näher als die reine Erwartung. Wenn wir den Begriff «Erwartung» betrachten, dann müssen wir ein ganz breites Spektrum abdecken: Einmal be-

deutet Erwarten dieses Hoffen-auf-Etwas, da sind Erwartung und Sehnsucht verbunden. In dieser Hinsicht ist die Erwartung nah bei der Hoffnung, aber inhaltlich bestimmter als diese. Dann gehört zum Erwarten dieses «Hoffen, daß ...», diese ganz bestimmte Erwartung, daß etwas Bestimmtes passiert. Dieses Erwarten, daß etwas passiert, kann ganz leicht in Berechnung abgleiten; wir rechnen dann mit etwas, spekulieren auf etwas, oder wir meinen sogar, einen Anspruch darauf zu haben. Die Erwartung kann zu etwas ganz Zwingendem, einen anderen Menschen auch Vereinnahmenden werden. Ich spreche in diesem Zusammenhang noch immer von der freudigen Erwartung, es gibt allerdings auch die «böse» Erwartung. Auf diese gehe ich im Moment nicht ein.

Wird die Erwartung enttäuscht oder auch erfüllt, dann verliert unser Dasein augenblicklich seine Gerichtetheit, die ihm die Erwartung gegeben hat, es wird spannungslos, leer. Darin liegt auch der Unterschied von Erwartung und Hoffnung: Wenn wir erwarten, dann sind wir sehr konzentriert auf etwas, gespannt auf etwas, meistens auch ungeduldig. Erwartung ist eher ungeduldig, Hoffnung ist vergleichsweise viel geduldiger. Hoffnung will nicht unbedingt, daß jetzt etwas Bestimmtes passiert. Das will die Erwartung. Hoffnung läßt die Ereignisse auf sich zukommen, hat einen viel größeren Spielraum, viel mehr Freiheit, bezieht sich auch auf eine fernere Zukunft. Die Erwartung bewegt sich geradezu auf die Dinge zu, während sich in der Hoffnung die Dinge auf den Menschen zubewegen. Die Erwartung ist auf Näherliegendes gerichtet, die Situation ist umrissen, konkret vorgestellt. Das heißt dann auch immer: Die Menschen, die sehr von einer

Erwartung erfüllt sind, sind für andere nicht mehr verfügbar, in ihrer Erwartung werden sie sehr zielorientiert – oder auch eingeengt. Wir haben dann die Offenheit für die Zukunft gerade nicht, die die Hoffnung ausmacht, wir sind vielmehr fixiert auf etwas, das eintreten muß. Wenn es nicht eintritt, dann sind wir enttäuscht.
Es ist ein Grundanliegen der Therapie, daß man bei den Patienten versucht, Erwartung durch Hoffnung zu ersetzen. Es gibt viele Menschen, die sagen: «Ich erwarte nichts mehr, dann kann mich auch nichts mehr enttäuschen.» Je nachdem, wer dies sagt, ist das ein sehr gescheiter oder auch ein sehr dummer Satz. Sinnvoll wäre er, wenn jemand diesen Satz verträte, der bisher sture, fixe Erwartungen hatte – als Folge der Wirkung unbewußter Komplexe – und bisher an jeden Menschen die Anforderung stellte, ihm gerade das ins Leben hereinzubringen, was er sich gerade wünscht, und was doch seine eigene Sache wäre. Wenn aber jemand, der kaum Erwartungen hat, diesen Satz gebrauchte, dann wäre es eher eine Absage an jede Beziehung. Denn das Erwarten hat natürlich nicht nur dieses den anderen Einengende, sondern es öffnet sich auch auf die Hoffnung hin. Wir können uns selber fragen, wie wir uns fühlen würden, wenn uns ein Partner oder eine Partnerin sagte: «Von Dir erwarte ich gar nichts mehr.» Das wäre eine Absage an jede gemeinsame Zukunft, an alle Veränderungsmöglichkeiten, eine Absage an die Beziehung als solche. Immer wenn wir uns gegenseitig eine Zukunft absprechen, sprechen wir uns in einem gewissen Sinn auch die Beziehungsmöglichkeiten ab und damit auch die Chancen auf eine Veränderung durch Beziehung. Die Illusion, die sich

in der zu eng gefaßten Erwartung zeigt, bringt nun wirklich das mit sich, was normalerweise gefürchtet wird: eine Bedrohung des Heute. Wenn wir auf die sture Erwartung festgelegt sind, wobei immer noch ein Aspekt der Sehnsucht drin enthalten sein mag, dann besteht wirklich die Gefahr, daß wir das Jetzt und Hier nicht mehr sehen, es nicht mehr erfassen können und daß wir damit auch die Freude des Alltäglichen nicht mehr erleben können. Davon ist in der Literatur oft schon geschrieben worden. Als Beispiel mögen einige Zeilen aus dem Gedicht «Carpe diem» von Annette von Droste-Hülshoff gelten:

> «O wer nur ernst und fest die Stund ergreift
> den Kranz ihr auch von bleichen Locken streift,
> dem spendet willig sie die reichste Beute.
> Doch wir, wir Toren, drängen sie zurück ...
> Vor uns die Hoffnung, hinter uns das Glück
> und unsere Morgen morden unsere Heute.»[74]

Die Hoffnung

Ich sehe das Emotionsfeld «Erwartung – Sehnsucht – Hoffnung» als Kontinuum, wobei immer mehr Offenheitsgrade hineinkommen: Die Erwartung kann sehr eingeengt sein und kann mit weniger oder mehr Sehnsucht durchsetzt immer mehr zu Hoffnung werden. Von dieser Hoffnung zu unterscheiden wäre noch die «absolute Hoffnung» (Marcel) oder die «universale Hoffnung» (Bollnow) sowie die «bildlose Hoffnung». Illusionen haben im wesentlichen mit engen Erwartungen zu tun, aber auch Erwartungen können mehr mit

Sehnsucht durchsetzt sein und sich der Hoffnung annähern.
Von diesen mit Sehnsucht durchsetzten Erwartungen spricht Ernst Bloch. Auf die Frage, ob man Hoffnung stimulieren könne, gibt er uns eine eindeutige Antwort: Man kann Hoffnung lernen und auch lehren. Es geht dabei nicht um die «schwindelhafte Hoffnung» (Bloch), sondern um die wissend konkrete Hoffnung. Um sie zu lernen, müsse man «kundig unzufrieden sein»[75], man dürfe den Mangel nicht ertragen. Bloch sieht die Hoffnung auf noch ungeborene Möglichkeiten hin als ganz normal an, weil sie zum menschlichen Bewußtsein gehöre. Beim Hoffen-Lernen gehe es um die Entdeckung des Noch-nicht-Bewußten.
Bloch zieht dann heftig gegen die Tiefenpsychologie ins Feld, weil er den Eindruck hat, daß sie mit dem «Unbewußten» immer nur die «Erinnerung» meine. Die Tiefenpsychologie beschäftige sich insofern immer nur mit der Vergangenheit und überhaupt nicht mit der Zukunft. Es gibt in der Tat tiefenpsychologische Strömungen, für die das mehr oder weniger zutrifft. Aber alle diejenigen, die sich heute mit den Symbolen befassen, beachten nicht nur den Erinnerungsaspekt, sondern auch den Erwartungsaspekt[76]. Dabei wird gerade von der Jungschen Schule, die in dieser Hinsicht so heftig von Bloch angegriffen wurde, die Dimension der Zukunft, der Erwartungsaspekt, in den Symbolen sehr ernst genommen. Zwar stößt man immer wieder auf das Vorurteil, der Erinnerungsaspekt sei der wichtige und der Erwartungsaspekt sei etwas romantisch und spekulativ. Doch meine ich, daß der Erwartungsaspekt die andere Seite der Medaille darstellt und daß wir uns dazu entschlossen haben, diese andere Seite

genau so ernst zu nehmen: Dann erweist sie sich als wesentlich mehr als nur romantisch und spekulativ.
Man kann sich durchaus nüchtern mit dem Erwartungsaspekt beschäftigen. Für Bloch heißt Hoffen-Lernen ganz ausdrücklich: den Erwartungsaspekt der Symbole herausarbeiten, das Noch-nicht-Bewußte, das bewußt werden kann, in den Blick nehmen. Ein Komplex ist ja sowohl Ausdruck eines Konflikts als auch einer Entwicklungsmöglichkeit. Was Erinnerung ist, kann genausogut ein Zeichen in die Zukunft hinein sein. Auch im Umgang mit Symbolen bzw. Komplexen wird man über die Imagination den noch nicht bewußten Aspekt herausarbeiten[77]. Die Imagination ist *die* Methode, die den Zukunftsaspekt, aber auch den Freiheitsaspekt der Symbole herauszustellen vermag.
Genau das tut Bloch. Er ist der Ansicht, das Noch-nicht-Bewußte bewußt zu machen sei eine Angelegenheit der Kreativen, der Jugend und der Menschen an der Zeitenwende, die er zum Zeitpunkt seines Schreibens – in den fünfziger Jahren – heraufkommen sieht. Bewußt wird das Noch-nicht-Bewußte einerseits an unseren Luftschlössern und andererseits auch an den Tagträumen. Bloch war ein sehr guter Psychologe, auch wenn er das wohl nicht sein wollte. Auch er stellt sich die Frage: Wann geht es um eine Illusion, wann um eine Vision? Er gibt eine lapidare Antwort: Illusionen sind Luftschlösser und Tagträume dann, wenn sie ein Faulbett abgeben, wenn sie uns also daran hindern, den Alltag anzugehen. Visionen sind sie dann, wenn sie das Jetzt und Hier zu beunruhigen oder zu beleben vermögen, dieses in eine produktive Spannung versetzen.
Lernen kann man also die Hoffnung nach Bloch, in-

dem man zunächst einmal «kundig unzufrieden» ist, entschieden nein sagt zum Mangel und damit den Tagträumen und den Luftschlössern nachzugehen beginnt, die uns die Möglichkeiten zur Veränderung anzeigen. Das Hoffen zu lehren versucht Bloch, indem er auf ca. 2100 Seiten von den verschiedenen Utopien des Menschen schreibt. Er versucht, durch die Darstellung von zahlreichen Utopien seine These zu belegen. Diese Anhäufung von Utopien wirkt an sich ermüdend, aber Bloch ist in seinem Ausdruck so sehr von einem Hoffnungsduktus erfaßt, daß sich bei der Lektüre dennoch lebhaft Inspiration und Hoffnung vermitteln. Gespeist werden diese Utopien aus der Sehnsucht nach dem Unmöglichen, nach dem Schöpferischen. Für Bloch ist Hoffnung nah bei Inspiration, bei Kreativität. Utopien sind für Bloch verdeckte Lichter im Dunkeln. So gesehen kann man Hoffnung, auch wenn sie auf den ersten Blick sehr weit vom Trotz entfernt zu sein scheint, auch als Trotz verstehen: Hoffnung als die Fähigkeit, trotzig zu riskieren, das Unmögliche zu denken, sich zu weigern, bei der einen schlechten Möglichkeit zu bleiben, allerdings Widerstand zu leisten gegen das Gewohnte – im Französischen kennt man dafür den Begriff *résistance*.

Man kann sich zur Hoffnung auch entscheiden. Hoffnung als Trotz ist nicht in dem Sinn zu verstehen, daß wir die Hoffnungslosigkeit einfach verleugneten und meinten, es stünde alles zum besten, sondern in dem Sinn, daß wir sehen, was nicht stimmt, und uns auch gegen alle Vernunft für das Bessere, nicht Gewohnte, entscheiden. Hier setzt die qualifizierte Unzufriedenheit ein, die sich fragt, wie es anders, besser sein könnte. Das ist die wissende konkrete Hoffnung, die

Bloch meint. Und sie ist eine erklärte Feindin des Ausdrucks: Es geht nicht.

Wir beziehen uns auf schöpferische Möglichkeiten, auf etwas Unverhofftes. Insofern ist die Hoffnung auch die Emotion, die sich der Gewohnheit entgegenstellt. Das ist einer ihrer ganz wichtigen Aspekte bei Bloch: Hoffnung ist die Emotion, die sich der Gewohnheit entgegenstellt. Als Psychologen haben wir damit zunächst einige Schwierigkeiten: Wir kennen den Wiederholungszwang, oder anders formuliert: Wir wissen darum, daß wir dort, wo wir komplexhaft reagieren, wo Komplexreaktionen sind, immer gleich reagieren; wenn Menschen komplexhaft reagieren, haben wir von ihnen immer etwa dasselbe zu erwarten. Hier kommt dann leicht ein etwas resignierter Zug in die Psychologie hinein, aber nur solange wie wir den anderen Aspekt nicht sehen. Es stimmt zwar, daß es den Wiederholungszwang gibt, aber es gibt auch die schöpferischen Veränderungen. Die Offenheit der Zukunft bleibt bestehen, sie ist eine Tatsache, mit der man zu rechnen hat.

Stellen wir uns doch einmal einige uns liebe und eingefleischte Gewohnheiten vor unter dem Aspekt, daß die Zukunft völlig offen ist und sich alles verändern kann, erscheinen sie dann nicht auf einmal gar nicht mehr so selbstverständlich, so unveränderlich wie bisher?

Die Blochsche Hoffnung ist noch nahe bei Sehnsucht und Erwartung, sie ist deshalb auch nicht sehr geduldig.

Wie gelangt man nun aber zur absoluten Hoffnung? Bollnow sagt dazu, es gäbe Situationen, in denen wir plötzlich das Gefühl haben, daß die Zukunft offen sei. Dieses Gefühl könne man als Bedrohung erleben oder als Ahnung dessen, daß da ein tragender Grund sei, das wäre dann auch erste Verbindung zum Ur-Vertrauen. Dieser Grund der Hoffnung ist uns normalerweise gar nicht bewußt, aber diese Ur-Hoffnung steckt hinter der tätigen Hoffnung sozusagen als Vertrauen ins Leben, als hoffnungsvolle Gestimmtheit. Wir haben bildhaft-konkrete Hoffnungen, solange es uns einigermaßen gutgeht. Wenn wir scheitern und alle anschaulichen Hoffnungen zu Schanden werden, können wir doch noch von dieser bildlos-absoluten Hoffnung getragen werden. Diese hat dann nichts mehr zu tun mit einer bestimmten Vorstellung von der Zukunft, sondern nur noch mit dem Gefühl, daß das Leben trotz allem weitergeht und daß man nicht aus dem Leben herausfällt. Diese Hoffnung erschließt uns eine neue Geborgenheit.

Ein *Beispiel*: Ich habe einmal in einem Seminar zu dem Thema «Krisen» herauszufinden versucht, unter welchen Bedingungen man den schöpferischen Sprung von der Beengung in der Krise zu dem befreienden Gefühl, das Leben sei wieder mit etwas Neuem belebbar, erfahren kann[78], unter welchen Umständen der Umschwung von der Angst zur Hoffnung stattfinden kann. Eine Frau, zwischen 30 und 40, erzählte: Sie hatte zwei Unfälle mit dem Auto hinter sich, war ziemlich arg zugerichtet und hatte nach dem zweiten Unfall den Eindruck, sie müsse sich eine unheimliche Mühe geben, am Leben zu bleiben. Sie fand das ganz unerträglich. Eines Tages fragte sie sich: «Warum halte ich eigentlich so am Leben fest? Das hat doch gar keinen Sinn.» Dann ließ sie sich fallen und erwartete zu sterben. Dabei erlebte sie, daß sie sich getragen fühlte. Sie beschrieb dieses Gefühl: «Es war eine freudige Hoffnung. Ich hatte keine Bilder für die Zukunft. Ich fühlte mich nur von Hoffnung erfüllt und getragen. Das änderte nichts daran, daß ich von fast unerträglichen körperlichen Schmerzen gepeinigt wurde – aber ich ertrug sie in einer anderen Verfassung.»

Von einer solchen absoluten Hoffnung aus müßte dann auch wieder die Stimulierung zur wissend-konkreten Hoffnung erfolgen können.

Ich habe die Hoffnung als Grundlage für Inspiration, Kreativität, aber auch für Freude bezeichnet; dieses Getragensein in der Hoffnung, durch die Hoffnung, läßt uns Freude, Inspiration und Ekstase wagen. Daß Freude, Inspiration und Ekstase in der Hoffnung gründen, kann man auch an den archetypischen Konstellationen sehen, die in ihnen sichtbar werden. Erinnern wir uns an das Modell der Emotionen als eines komplexen Regulationssystems, in dem die in sich vernetzten Perspektiven der Emotion aufgezeigt werden, als Ausdruck der Selbstbetroffenheit, für die Beziehungen zu den Mitmenschen entscheidend ist, unter anderem auch im körperlichen Ausdruck, als Signal. Emotionen drücken auch unser Unbewußtes aus; eine weitere Perspektive der Emotionen zeigt sich in Komplexen und Archetypen, die den jeweiligen Emotionen zugrunde liegen.

Beim Erleben der Freude haben wir gesehen, daß wir von einer Identität von Ich und Selbst sprechen können, in Erwartung von etwas Unerhofftem oder – archetypisch formuliert – in Erwartung des «göttlichen Kindes». Bei der Beschreibung der Inspiration habe ich auf Dionysos verwiesen, auch auf Dionysos als eine Ausformung des Archetyps des «göttlichen Kindes». Bei Dionysos kommen weitere archetypische Aspekte dazu: Als Gott der Fruchtbarkeit und des Todes stellte er den Aspekt des Unzerstörbaren und der damit verbundenen, immer wieder möglichen Wandlung dar, auch im Zusammenhang mit der körperlichen Vitalität. Bei den Mythen um Dionysos fällt auf, daß er im Umkreis von Göttinnen, oft von Muttergöttinnen, anzutreffen ist; es gibt kein «göttliches Kind» ohne Mutter.

So bleiben wir mit den Emotionen Freude und Inspiration selten für uns allein, sondern werden in vielfältige Verbundenheiten hineingenommen; ein Aspekt des Lebens unter der Dominanz des Mutterarchetyps.

Auch bei der Emotion der Hoffnung kann man von der Wirkung des Archetypus des «göttlichen Kindes» sprechen, in dessen Aspekt als Heilsbringer. Nicht der Aspekt des Unzerstörbaren, auch nicht der Aspekt des Einverstanden-Seins mit dem Leben steht dabei im Vordergrund, sondern der Aspekt des Heranwachsens, des Erlösens, des Tragens. In diesem Zusammenhang kann Jesus als Symbol des «göttlichen Kindes» Beispiel sein.

Die Emotionen Freude, Inspiration und Hoffnung stellen den emotionalen Ausdruck des Archetypus des «göttlichen Kindes» in seinen verschiedenen Aspekten dar, aber immer auch basierend auf dem Mutterkomplex und dem Mutterarchetyp. Wir sind nicht nur in das Leben geworfen, sondern wir sind auch von ihm getragen. Es gibt nicht nur die Angst, es gibt auch die Freude. Durch dieses Getragen-Sein können wir uns wandeln – allerdings auch durch das Geworfen-Sein. Doch wandeln wir uns durch das Getragensein auf einem anderen Weg: Hier verbinden wir uns in der Symbiose mit anderen Menschen und auch mit unserem

Unbewußten, wir erleben dadurch mehr Lebensfülle, Stärke, Aufgehoben-Sein; wir erfahren Selbstsein in der Selbstvergessenheit, nehmen unsere Vitalität und den Reichtum des Entdeckbaren wahr. Es ist eine andere Form der Wandlung durch Selbstbestätigung, Selbstbejahung – eine Voraussetzung für die Selbstwerdung im Sinne der Individuation, bei der es darum geht, sich gegen andere Menschen abzugrenzen, sich auch in Frage zu stellen und so sich selbst zu finden.
Wichtig ist, daß wir die Emotionen der Gehobenheit nicht länger als etwas Zusätzliches, als etwas Kindliches gar oder etwas «Weibliches», als «Garnitur» also abtun, sondern daß wir sie als etwas Wesentliches erkennen: Wie Individuation ohne Symbiose einseitig bliebe, wäre es auch die Vereinzelung in der Angst ohne dieses Verbundensein durch die Freude. Freude, Inspiration, Hoffnung sind für das menschliche Leben und für das Verständnis des menschlichen Wesens genauso wichtig wie Angst und Trauer.
Werte wie Solidarität, die zum Beispiel an der Realisierung der Menschenrechte sichtbar werden, verwirklichen wir, indem wir die Emotionen der Gehobenheit zulassen und kultivieren.

Schlußbemerkungen

Es ist wichtig für uns Menschen, daß wir unsere Verletzungen spüren, unsere Hemmungen kennen, uns auch unseren weniger glücklichen Gefühlen stellen. Es ist wichtig, daß wir unsere Schwierigkeiten kennen, denn sie machen oft unsere Einmaligkeit aus – es sind ja oft die Fehler, die uns auszeichnen. Es ist auch wichtig, daß wir Leid und Unglück in unserem Leben sehen, fühlen und als zu uns zugehörig akzeptieren. Die Erinnerung an unser Leben soll so wahr wie möglich sein. Aber es ist genau so wichtig, unsere Stärken zu kennen, die Oasen des Glücks zu sehen oder wiederzufinden, wahrzunehmen, wo sie in unserer Biographie angesiedelt sind, und damit von uns selbst zu wissen, daß wir uns auch freuen können, daß wir inspiriert sein und selbst inspirieren können, daß wir zu hoffen vermögen, trotz aller Schwierigkeiten in uns und in der Welt. Tun wir das nicht, dann identifizieren wir uns mit einem einseitigen Bild von uns selbst, das uns in der Position eines Menschen, der anderen oder dem Leben zum Opfer gefallen ist, fixiert: als Opfer der Eltern, Opfer der Lebensgeschichte, Opfer der Zeitumstände, usw.

Wir sind aber nicht nur Opfer, wir können auch selbst gestalten, handeln, und wir kennen alle auch solche Zeiten in unserem Leben, mögen sie auch kurz sein, in denen wir uns lebendig, zufrieden mit uns selbst, im

Einklang mit der Welt gefühlt haben. Wir sind auch freude-fähig.
Kennen wir die Oasen des Glücks, dann gibt uns das neue Kraft. Wir können uns aber auch darüber bewußt werden, daß wir die Tendenz haben, in derselben Weise, in der man uns einmal die Freude verdorben hat, auch anderen die Freude zu verderben.
Individuation heißt, eine einzelne Person zu werden, altersgemäß losgelöst von den Eltern und auch unterschieden von den Elternkomplexen. Individuation meint auch, sich selbst und dabei «ganz» zu werden. Das Konzept von der Individuation ist vom Emanzipationsgedanken bestimmt: Wir sollen weder von innen noch von außen fremdbestimmt werden, sondern immer auch autonom werden; vielleicht wäre «souverän» dafür der bessere Ausdruck.
Auch wenn Jung formuliert hat, es habe niemand eine Beziehung zu sich selbst, wenn er nicht auch eine zu seinen Mitmenschen habe[79], meine ich, daß der Aspekt der Beziehung im Individuationskonzept noch immer zu wenig beachtet wird.
Nach meiner These ist der Prozeß der Individuation unabdingbar daran gekoppelt, daß wir immer wieder Phasen von symbiotischem Verschmelzen mit anderen Menschen, mit der Natur zulassen können, wie wir es in der Emotion der Freude immer wieder erleben.
Die Freude, die sich im symbiotischen Erleben einstellt, ist die emotionale Basis für Solidarität und Mitmenschlichkeit, für etwas also, was sehr wesentlich ist für das Lösen der gemeinsamen menschlichen Probleme, die anstehen.
Diese symbiotische Verbundenheit als die Fähigkeit, auf die egoistischen Wünsche etwas zu verzichten, be-

wirkt eine grundlegende Geborgenheit. Die Gefühle der Gehobenheit geben uns das Gefühl, vom Leben gehalten zu sein – geben uns letztlich Hoffnung, Hoffnung auf die Möglichkeit des Besseren, auf Wandlung. Die Gefühle der Geborgenheit, die vor allem mit Freude, Inspiration und Hoffnung verbunden sind, gewinnen, mit anderen Menschen geteilt, eine wichtige soziale Dimension: Sie ermöglichen uns, in einer anderen Weise miteinander umzugehen, als wenn wir uns ungeborgen glauben. Befreit von unserer konstanten Angst vor Angriffen und Entwertungen, sind wir weniger bereit, Barrieren zu errichten, aber mehr geneigt, Brücken zu bauen.
Die Erfahrung, fähig zu sein, mit anderen zusammen an etwas zu arbeiten, etwas aufzubauen, vermehrt unsere Freude und stimuliert ein Verhalten des Miteinanderseins, in dem gegenseitige Abhängigkeit toleriert werden kann und das Gefühl aufkommt, daß wir nicht immer alles allein machen müssen – auch daß wir nicht immer alle Bewunderung für uns allein brauchen. Unsere Initiative verändert die Gemeinschaft – und neue Impulse kommen auf uns zurück.
Wenn es stimmt, daß im inspirierten Zustand unbewußtes Material leichter unserem Bewußtsein zugänglich wird, dann können Menschen, mit denen wir uns verbunden fühlen, dadurch, daß sie dieses Material aufnehmen, uns auch das Gefühl geben, dieses Material könne sinnvoll zur Beleuchtung und Entwicklung von Ideen eingesetzt werden.
In diesem Zusammenhang geht es dann auch nicht mehr nur um die Frage, was «mein» Unbewußtes von mir wollen könnte, sondern auch darum, was das gemeinsame oder auch das kollektive Unbewußte[80] zu

unserer gegenwärtigen menschlichen Situation beizutragen hätte, es geht nicht nur um die Selbstregulierung in einer individuellen Psyche, sondern um die Selbstregulierung in größeren Gruppen[81]. Diese Impulse zur Selbstregulation, die für unser Überleben sehr wesentlich sein können, können nur von solchen Menschen aufgenommen werden, die sich emotionell betreffen lassen, die sich von Problemen ergreifen lassen, und die auch bereit sind, Lösungen mit anderen zu teilen und sie zu verwirklichen.

Inspiration wird dann zu einem verbindenden Prinzip, das Grundlagen schafft für schöpferische Veränderungen, sei es in der Familie, in kleineren Gruppen, am Arbeitsplatz, in der Gesellschaft, im Miteinander der Völker usw.

Es ist offensichtlich, daß in Gruppenprozessen der Enthusiasmus abkühlt und daß es dann oft statt der Inspiration nur noch die Routine ist, die die Gruppe zusammenhält. Unsere Zeit mag eine solche sein, in der eher reflektiert, auch eher Konzepte durchstrukturiert werden, als daß inspirierte Ideen und Entwürfe aufkämen, wobei in diesen Phasen auch die Grenzen zwischen den einzelnen Menschen und Interessenvertretern wieder deutlicher werden. Unter diesen Umständen ist es schwierig, kreative Prozesse in Gang zu bringen. Wir sind in den Gruppenprozessen viel vertrauter mit den Phasen von reflektierender Kühle als mit den Phasen von leidenschaftlicher Inspiration. Beide Phasen sind wichtig, aber die inspirierenden Phasen dürfen auf keinen Fall fehlen.

Wer die spezielle Verbundenheit unter Menschen kennt, die von geteiltem Interesse und der Freude an einem gemeinsamen Projekt herrührt, besonders in

der Phase, in der man inspiriert, begeistert und weggetragen von Ideen ist, der wird sich auch in den Zeiten, in denen man nüchtern das Gefundene sichtet und auch miteinander um Positionen kämpft, dieses Gefühls der Verbundenheit erinnern, wird es sich zurückwünschen und auch die Bedingungen schaffen, unter denen es wieder zu seinem Recht kommen kann.
Wir müssen uns bewußt darüber werden, wie wichtig die gehobenen Emotionen für unser persönliches Leben, nicht weniger aber auch für das gemeinsame und das Leben in der Gesellschaft sind.
Im tiefsten Wesen nah verwandt, stärken Freude, Inspiration und Hoffnung einander gegenseitig. Freude ist die alltäglichste der drei Emotionen, die am leichtesten zugängliche auch. Sie tritt in unser Leben, wenn wir sie zulassen – direkt oder indirekt durch Erinnerung –, wenn wir ihr nicht vorschreiben, wie sie zu sein hat. Freude ist eine Emotion, die geteilt werden muß, dann mehrt sie sich.

Anmerkungen

[1] Bolterauer, 1989, Die Macht der Begeisterung
[2] Izard, 1981, Die Emotionen der Menschen
[3] Freud, 1975, Trauer und Melancholie, 207 f.
[4] Kast, 1990, Die Dynamik der Symbole, 114 ff.
[5] Jung, 1960, Psychologische Typen, GW 6
[6] Kast, 1984, Paare
[7] von Uexküll, 1986, Psychosomatische Medizin
[8] Jaspers, 1973, Allgemeine Psychopathologie, 91
[9] Kast, 1990, Die Dynamik der Symbole, 44–67
[10] Jaspers, 1973, Allgemeine Psychopathologie, 91
[11] Izard, 1981, Die Emotionen der Menschen, 425
[12] Emrich, 1990, Über die Entstehung von Emotionen und Affekten, 33–45
[13] Kast, 1988, Imagination als Raum der Freiheit
[14] Bachmann, 1971/1978, Malina, 54
[15] Bachmann, 1971/1978, Malina, 55 f.
[16] Kast, 1988, Imagination als Raum der Freiheit
[17] Csikszentmihalyi, 1987, Das Flow-Erlebnis, 58 f.
[18] Csikszentmihalyi, 1987, Das Flow-Erlebnis, 206
[19] Csikszentmihalyi, 1987, Das Flow-Erlebnis, 200
[20] Straub, 1989, Historisch-psychologische Biographieforschung, 177 ff.
[21] Frisch, 1969, Mein Name sei Gantenbein, 26 und 398
[22] Frisch, 1985, Augenblick, Tagebuch 1946–49, 109
[23] Mörike, Bd. 1, 101
[24] Nin, 1982, Sanftmut des Zorns, 214 f.
[25] Frisch, 1985, Tagebuch, 109
[26] Izard, 1981, Die Emotionen der Menschen, 260 ff.
[27] Izard, 1981, Die Emotionen der Menschen, 280

[28] Fromm, 1979, Die Seele des Menschen, 27 ff.
[29] Mentzos, 1982, Neurotische Konfliktverarbeitung, 196 f.
[30] Kretschmer, 1951, Körperbau und Charakter
[31] Tölle, 1986, Psychiatrie, 231 ff.
[32] Binswanger, 1955, Vom anthropologischen Sinn der Verstiegenheit und Über die manische Lebensform
[33] Riedel, 1985, Formen, 37 ff
[34] Goethe, zitiert bei Binswanger, 1955, Vom anthropologischen Sinn der Verstiegenheit und Über die manische Lebensform, 260
[35] Kast, 1990, Die Dynamik der Symbole, 67 ff.
[36] May, 1959, The Nature of Creativity; Rosner, 1972, The Creative Experience; Taylor, 1964, Creativity; Anderson, 1959, Creativity and Its Cultivation
[37] Kast, 1990, Die Dynamik der Symbole, 51 ff.
[38] Kast, 1990, Die Dynamik der Symbole
[39] Kast, 1988, Imagination als Raum der Freiheit
[40] Koestler, 1966, Der göttliche Funke
[41] von Clairvaux, in: Saur, R. M., 1977, Glühen ist mehr als Wissen, 156 ff.
[42] von Bingen [o. J.], Wörterbuch der unbekannten Sprache
[43] Kerényi, 1976, Dionysos, Urbild des unzerstörbaren Lebens
[44] Otto, 1980, Dionysos
[45] Nietzsche, 1872/1953, Die Geburt der Tragödie aus dem Geiste der Musik
[46] Euripides, 1984, Die Bakchen
[47] Eliade, 1979, Geschichte der religiösen Ideen, 327 ff.
[48] Euripides, 1984, Die Bakchen, 96
[49] Euripides, 1984, Die Bakchen, 116
[50] Eliade, 1979, Geschichte der religiösen Ideen, 334
[51] Nietzsche, 1872/1953, Die Geburt der Tragödie aus dem Geiste der Musik, 22 f.
[52] Nietzsche, 1872/1953, Die Geburt der Tragödie aus dem Geiste der Musik, 98
[53] Kast, 1990, Die Dynamik der Symbole, 13 ff.
[54] Kast, 1990, Die Dynamik der Symbole, 119 f.

[55] Dobhan, 1979, Teresa von Avila
[56] mündliche Mitteilung von PD Dr. med. Pothoff, Düsseldorf
[57] Kast, 1984, Paare
[58] Marcel, 1964, Philosophie der Hoffnung
[59] Bollnow, 1956, Das Wesen der Stimmung
[60] Lersch, 1970, Aufbau der Person
[61] Plügge, 1962, Über suizidale Kranke, 17 ff. und 38 ff.
[62] Erikson, Identität und Lebenszyklus
[63] Jung, 1984, Mysterium coniunctionis, GW 14II, § 414
[64] Bloch, 1959, Das Prinzip Hoffnung, 1
[65] Bollnow hat viele dieser Sichtweisen zusammengetragen in: Bollnow, 1955/1979, Neue Geborgenheit, 86–94
[66] Bloch, 1959, Das Prinzip Hoffnung, 1
[67] Camus, 1942, Le mythe de Sisyphos, dt.: 1959, Der Mythos des Sisyphos
[68] Camus, 1959, Der Mythos des Sisyphos, 13
[69] Camus, 1959, Der Mythos des Sisyphos, 13
[70] Camus, 1959, Der Mythos des Sisyphos, 101
[71] Sartre, 1946, L'existentialisme est un humanisme
[72] Kast, 1986, Sisyphos
[73] Bollnow, 1955/1979, Neue Geborgenheit
[74] Droste-Hülshoff, [o. J.], 93
[75] Bloch, 1959, Das Prinzip Hoffnung
[76] Kast, 1990, Die Dynamik der Symbole, 17–44
[77] Kast, 1988, Imagination als Raum der Freiheit
[78] Kast, 1987, Der schöpferische Sprung
[79] Jung, 1958, Praxis der Psychotherapie, GW 16, § 445
[80] Kast, 1990, Die Dynamik der Symbole, 111 und 122
[81] Kast, 1990, Die Dynamik der Symbole, 11

Literaturverzeichnis

Anderson, H. H., 1959, Creativity and Its Cultivation, Harper and Row, New York

Bachmann, I., 1978, Malina, in: I. Bachmann, Werke, 4 Bde., hrsg. von C. Koschel, I. von Weidenbaum und C. Müller, Bd. 3, München, Piper, zuerst 1971, Suhrkamp, Frankfurt am Main

Binswanger, L., 1955, Vom anthropologischen Sinn der Verstiegenheit und Über die manische Lebensform, in: Ausgewählte Vorträge und Aufsätze, Bd. II., Francke, Bern

Bloch, 1959, Das Prinzip Hoffnung, Suhrkamp, Frankfurt

Bollnow, O. F., 1956, Das Wesen der Stimmung, Klostermann, Frankfurt am Main

1955/1979, Neue Geborgenheit, Das Problem einer Überwindung des Existentialismus, Kohlhammer, Stuttgart

Bolterauer, L., 1989, Die Macht der Begeisterung, edition diskord, Tübingen

Camus, A., 1942, Le mythe de Sisyphos, Librairie Gallimard, Paris, dt.: 1959, Der Mythos des Sisyphos, Rowohlt, Hamburg

Csikszentmihalyi, M., 1987, Das Flow-Erlebnis, Jenseits von Angst und Langeweile, Im Tun aufgehen, Klett-Cotta, Stuttgart

Dobhan, V. (Hrsg.), 1979, Teresa von Avila, Gotteserfahrung und Weg in die Welt, Walter, Olten

Droste-Hülshoff, A. von., [o. J.], Gedichte, Hyperion, Freiburg im Breisgau

Eliade, 1979, Geschichte der religiösen Ideen, Herder, Freiburg, Basel, Wien

Emrich, H. M., 1990, Über die Entstehung von Emotionen und Affekten, in: Aus Forschung und Medizin 5.1/90, Streit um die Seele, Schering, Berlin

Erikson, E. H., 1966, Identität und Lebenszyklus, Suhrkamp, Frankfurt

Euripides, 1984, Die Bakchen, in: Sämtliche Tragödien, Bd. I, Kröner, Stuttgart

Freud, S., 1975, Trauer und Melancholie, in: Psychologie des Unbewußten, Freud Studienausgabe, Bd. III, Fischer, Frankfurt

Frisch, M., 1969, Mein Name sei Gantenbein, Suhrkamp, Frankfurt

1985, Tagebuch 1946–49, Suhrkamp, Frankfurt, TB ST 1148

Fromm, E., 1979, Die Seele des Menschen, Ihre Fähigkeit zum Guten und zum Bösen, dva, Stuttgart

Izard, Caroll E., 1981, Die Emotionen der Menschen, Beltz, Weinheim und Basel

Jaspers, K., 1973, Allgemeine Psychopathologie, 9. Aufl. Springer, Berlin, Heidelberg, New York

Jung, C. G., Gesammelte Werke [= GW], 20 Bände, hrsg. von Lilly Jung-Merker, Elisabeth Rüf und Leonie Zander, Walter, Olten. Davon wurden besonders die folgenden Bände benutzt:

GW 6, Psychologische Typen, 1960, 7. Aufl. 1989

GW 14, Mysterium coniunctionis, 1968, 4. Aufl. 1984

GW 16, Praxis der Psychotherapie, 1958, 4. Aufl. 1984

Kast, Verena, 1984, Paare, Beziehungsphantasien oder Wie Götter sich in Menschen spiegeln, Kreuz, Stuttgart

1986, Sisyphos, Der alte Stein – Der neue Weg, Kreuz, Zürich

1987, Der schöpferische Sprung, Vom therapeutischen Umgang mit Krisen, Walter, Olten

1988, Imagination als Raum der Freiheit, Dialog zwischen Ich und Unbewußtem, Walter, Olten

1990, Die Dynamik der Symbole, Walter, Olten

Kerényi, K., 1976, Dionysos, Urbild des unzerstörbaren Lebens, Langen, Müller, München, Wien
Koestler, A., 1966, Der göttliche Funke, Der schöpferische Akt in Kunst und Wissenschaft, Scherz, Bern, München, Wien
Kretschmer, E., 1951, Körperbau und Charakter, Springer, Berlin, Göttingen, Heidelberg
Lersch, Ph., 1970, Aufbau der Person, Barth, München
Marcel, G., 1964, Philosophie der Hoffnung, List, München
May, R., 1959, The Nature of Creativity, in: Anderson, H. H., 1959, Creativity and Its Cultivation, Harper and Row, New York
Mentzos, S., 1982, Neurotische Konfliktverarbeitung, Kindler, München
Mörike, E., [o. J.] Werke in zwei Bänden, Insel-Verlag, Leipzig *Nietzsche*, F., 1953, Die Geburt der Tragödie aus dem Geiste der Musik, Reclam, Stuttgart
Nin, Anaïs, 1982, Sanftmut des Zorns, Was es heißt, Frau zu sein, Fischer, Frankfurt, TB 5242
Otto, W. F., 1980, Dionysos, Klostermann, Frankfurt am Main
Plügge, H., 1962, Über suizidale Kranke, in: Wohlbefinden und Mißbefinden, Mohr, Tübingen
Riedel, Ingrid, 1985, Formen, Kreis, Kreuz, Dreieck, Quadrat, Spirale, Kreuz, Stuttgart
Rosner, S., and Abt, L., 1972, The Creative Experience, Delta, New York
Sartre, J. P., 1946, L'existentialisme est un humanisme, Gallimard, Paris
Saur, R. M., 1977, Glühen ist mehr als Wissen, Christiana, Stein am Rhein
Straub, J., 1989, Historisch-psychologische Biographieforschung, Asanger, Heidelberg
Taylor, C., 1964, Creativity: Process and Potential, McGraw Hill, New York
Tölle, R., 1986, Psychiatrie, Springer, Berlin, Heidelberg, New York

von Bingen, Hildegard, [o. J.], Wörterbuch der unbekannten Sprache (Lingua Ignota), Baseler Hildegard Gesellschaft, Basel

von Clairvaux, B., in: Saur, R. M., 1977, Glühen ist mehr als Wissen, Christiana, Stein am Rhein

von Uexküll, Th., 1986, Psychosomatische Medizin, Urban und Schwarzenberg, München, Wien, Baltimore